シリーズ
はじめてみよう

1

地域福祉
のはじめかた

事例による演習で学ぶ地域づくり

藤井博志

編著

ミネルヴァ書房

はじめに

　本書は，地域住民と協働して，地域福祉を推進できる社会福祉専門職の養成を目的に編集しました。その対象は，これまで個別支援を中心に従事し，地域とかかわることやかかわり方の経験が不足している方々です。職種では，ソーシャルワーカー，ケアマネジャー，ホームヘルパー，社会福祉施設職員などのケアワーカー，保育士などを想定しています。

　本書は，このようなはじめて地域福祉の実践にかかわる福祉専門職だけでなく，地域にかかわる他の職種や大学・専門学校で地域福祉実践を学ぶためのテキストとして作成されています。これまで個別支援にかかわってきた専門職は，地域にかかわろうとするとき，その入り口でつまずいてしまうことが多いようです。実は専門職自身も地域住民なのだから，住民としての「私の気づき」を大切にすればいいのです。しかし，専門職の立場になるとそれが難しいようです。したがって，その「私の気づき」を学ぶために，架空の「めぐみが丘自治会」を舞台に多世代の人々が紡ぎ合う物語として演習事例を作成しました。また，それを補足するものとして，実践者にはその実践知をコラムとして執筆していただきました。これらを通して，本書は，地域を舞台にミクロ・メゾ・マクロ実践の視点が交互に重なり合う地域福祉実践をわかりやすく学べるテキストになっています。

　また，コミュニティワークについてていねいに説明しました。コミュニティワークを学習すると，メゾ・マクロ領域における地域住民と協働した開発的な地域づくり実践の理論的裏付けができます。その学びを通して，社会福祉制度の中に押し込められない開発志向の社会福祉専門職としてのいきいきとした「私」を発見することができるでしょう。その発見に本書が役立てば幸いです。

2019年9月

編著者　藤井博志

＊本書は，兵庫県福祉人材研修センター（兵庫県社会福祉協議会）での地域福祉研修プログラム開発の研究（2014〜2015年）を経て作成されたテキストを，大幅に加筆・編集したものです。

本書の位置づけと構成・活用方法

　本書は，地域福祉に携わる社会福祉専門職や他領域の専門職（以下，「専門職」という）が，「当事者・地域住民と協働する」「地域生活支援（ミクロ）と地域づくり（メゾ・マクロ）の両方に視野をもつ」専門職になることをねらいとして作成しています。地域福祉を学びたい人に最適な基礎テキストであるとともに，専門職だけでなく，メゾ領域のソーシャルワーク演習のテキストとしても活用できます（ミクロ・メゾ・マクロ領域については，本書6頁で解説しています）。

◻ 当事者・地域住民・専門職の3者関係

　本書では，専門職が常に当事者を援助するという関係にあるのではなく，「当事者」「地域住民」「専門職」の3者が相互に成長しあう「相互主体化の関係」にあるということを基本に解説していきます。このことを「当事者・地域住民・専門職の相互エンパワメント」として説明しています。

　この3者の基本的な関係は次のような関係としてとらえることができます。

○当事者と地域住民の関係

　本書における当事者とは，生活課題を抱えている地域住民としてとらえています。したがって，当事者と地域住民の関係は状況に応じて入れ替わる関係です。その関係から共感関係の形成を重視しています。

○専門職と当事者の関係

　当事者と専門職は地域生活支援のための専門的援助関係にありますが，その中での協働関係を重視しています。

○専門職と地域住民の関係

　専門職は，地域住民が地域づくりをおこなうことへの援助者であるとともに，時として地域住民から助けられる関係にもあります。したがって，地域の問題解決を図る協働者としての役割も重視します。

　以上の関係性を理解していただくため，本書内の演習では，当事者を地域住民（生活者）としてみる視点と，専門職の中にある当事者性や住民性を省みる視点の両方から考えることができるように各設問を設けています。

◻ 「地域生活支援」と「地域づくり」のちがいと両方の視野をもつ重要性

　本書では，専門職として，個人の「地域生活支援（ミクロ）」と「地域づくり（メゾ・マクロ）」の両方をみる眼を養っていきます。また，地域生活支援から地域づくりという，ミクロからメゾ・マクロという一方向の実践だけでなく，メ

ゾ・マクロからミクロに向かうという双方向の視点と実践方法を学びます。

地域生活支援とは，いわば「孤立や排除状態からの地域とのつながりづくり」であり，専門的対応や問題認識が高い地域住民などによって取り組まれる事後的対応ともいえます。

一方，地域づくりは，個人の生活や健康な状態を維持するための個人の活動から，徐々に地域住民や当事者とみんなで，孤立や排除のない地域づくりをめざす予防的活動といえます。

地域福祉はこの両極の取り組みを複眼視点で把握し，相互接近を図っていく実践だといえます。専門職が，地域生活支援と地域づくりの両方の視点をもつことで，実践としては個別支援が中心であっても，地域住民との協働で当事者の地域生活を支援していくようになるなど，地域を基盤に実践の幅を広げることをめざします。これは地域づくり支援を主な実践とする専門職も同様です。

☐ 本書の構成

本書は12の章から構成されています（図序-1）。各章は，ねらいに即した演習問題と解説をセットにした構成を基本にしています。実践のイメージがつきやすいよう，演習事例は実例に基づき作成しています。また各章の演習の舞台となる地域と登場人物は，共通しています（「演習事例の舞台となる地域と登場人物」

図序-1　本書の構成と活用方法

出所：藤井博志作成。

（本書 v 頁）で紹介）。

　事例以外にも，地域福祉を理解するための考え方は解説，体験談などはコラムとして掲載しました。各章の内容の理解を深めるためにお役立てください。

☐ 本書の読者対象と活用方法

　本書は，地域福祉を学ぶ学生，次のような地域福祉に関心のある専門職や行政職員を広く対象としています。

- 高齢者・障害（児）者・児童，等各分野の社会福祉施設・事業所の介護職，保育士（＝ケアワーカー）
- 高齢者・障害（児）者・児童，等各分野の社会福祉施設・事業所と生活困窮者自立相談支援事業の相談援助職（＝ソーシャルワーカー），ケアマネジャー
- 生活支援コーディネーターや社会福祉協議会の地域担当など地域づくり支援を担当する職員（＝コミュニティワーカー）
- 保健師・集落支援員などの地域支援員，まちづくりコンサルタントなどの地域福祉に関連する他職種

　これら幅広い職種の専門職が学び合うことで，自身と異なる職種からの気づきと今後の実践のヒントが得られます。ぜひ多職種が共に学ぶ研修会などでご活用ください。また，集合研修だけでなく，学生の地域福祉実践の演習テキストや自己学習用テキストとしてもご活用いただけます。

　＊本書では，何らかの生活障害（＝生活を送るうえで何らかの課題がある状態）を抱える人を当事者もしくは本人と表現しています。専門職の支援対象者であるサービス利用者は，利用者である前に地域で生活している人であるという地域福祉の観点から，この表現を用いています。
　＊専門職とは，地域福祉と関連する多様な専門職を指しますが，本書では社会福祉専門職のかかわりを中心に取り扱います。

演習事例の舞台となる地域と登場人物

☐ 登場人物：永坂町「めぐみが丘自治会」の住民たち

○花子さん（80歳）：とても明るい性格です。45年前，まだ新しいこの町に移り住みました。夫を早くに亡くし，苦労しながらひとり息子を育てあげる傍ら，公民館で月2回開く「ふれあいいきいきサロン」のほか，スクールガード（子どもたちの登下校の見守りボランティア）のボランティア活動に参加してきました。息子が海外勤務となり，いまは一人暮らしです。

　3年前から，サロンの日を間違えることが増えてきました。大好きだったカラオケもしなくなり，自宅にこもるようになってきました。最近は朝晩問わず町に出て，帰って来られないときもあります。それに気づいたサロン仲間が，何度か自宅まで花子さんを連れて帰ったり，サロンに連れてきたりします。

○愛子さん（66歳）：夫と息子の3人で暮らしています。10年前から，ボランティアグループ「ひまわり」の代表をつとめ，昔のPTA仲間と一緒にボランティア活動に毎日忙しく動き回っています。花子さんのことは昔から知っていましたが挨拶を交わす程度でした。ボランティアの仲間から花子さんが最近変わってきたと聞いて，さりげなく気にかけています。

○ともこさん（35歳）・ひかるくん（6歳）親子：ともこさんは，息子のひかるくんと二人暮らしです。ともこさんは，2年前に夫と離婚してから，実家のある「めぐみが丘自治会」に戻り，スーパーでパートをしながらひかるくんを育てています。同じ敷地に住む母親の援助もあり，なんとか生活してきましたが，最近，母が転倒して，介護が必要になりました。

　ひかるくんは保育所の年長児で，元気いっぱいの男の子です。体を動かすのが大好きで，遊んでいる姿がよく見られます。近所に住む花子さんはひかるくんを可愛がっており，ひかるくんも花子さんによくなついています。

○勇太郎さん（72歳）：「めぐみが丘自治会」の自治会長で，まち開き時代からの住民です。長く自治会の会長をつとめる勇太郎さんは，去年からは小学校区単位に設置されている「まちづくり協議会」の会長という役割も担い，地域のために日々奔走しています。愛子さんの夫とは飲み仲間で，愛子さんからの頼まれごとにはイヤとはいえずに渋々付き合います。

○専門職：地域包括支援センターの新人ソーシャルワーカーの長谷川さん，障害者相談支援事業所の相談支援専門員の足立さん，社会福祉協議会コミュニティワーカーの井上さんの3人です。

図序-2　A市 永坂町 めぐみが丘自治会

- 東西南北ともに徒歩 6〜7 分圏域で，約100 世帯が暮らす
- 約50 年前の高度経済成長期にニュータウン開発された坂の多いまち
- 最近ではマンションが建ち，若い層も移り住んでいる
- バスは 1 日 4 便程度，車がなければ不便
- 自治会加入率 7 割で子ども会は 4 年前に解散

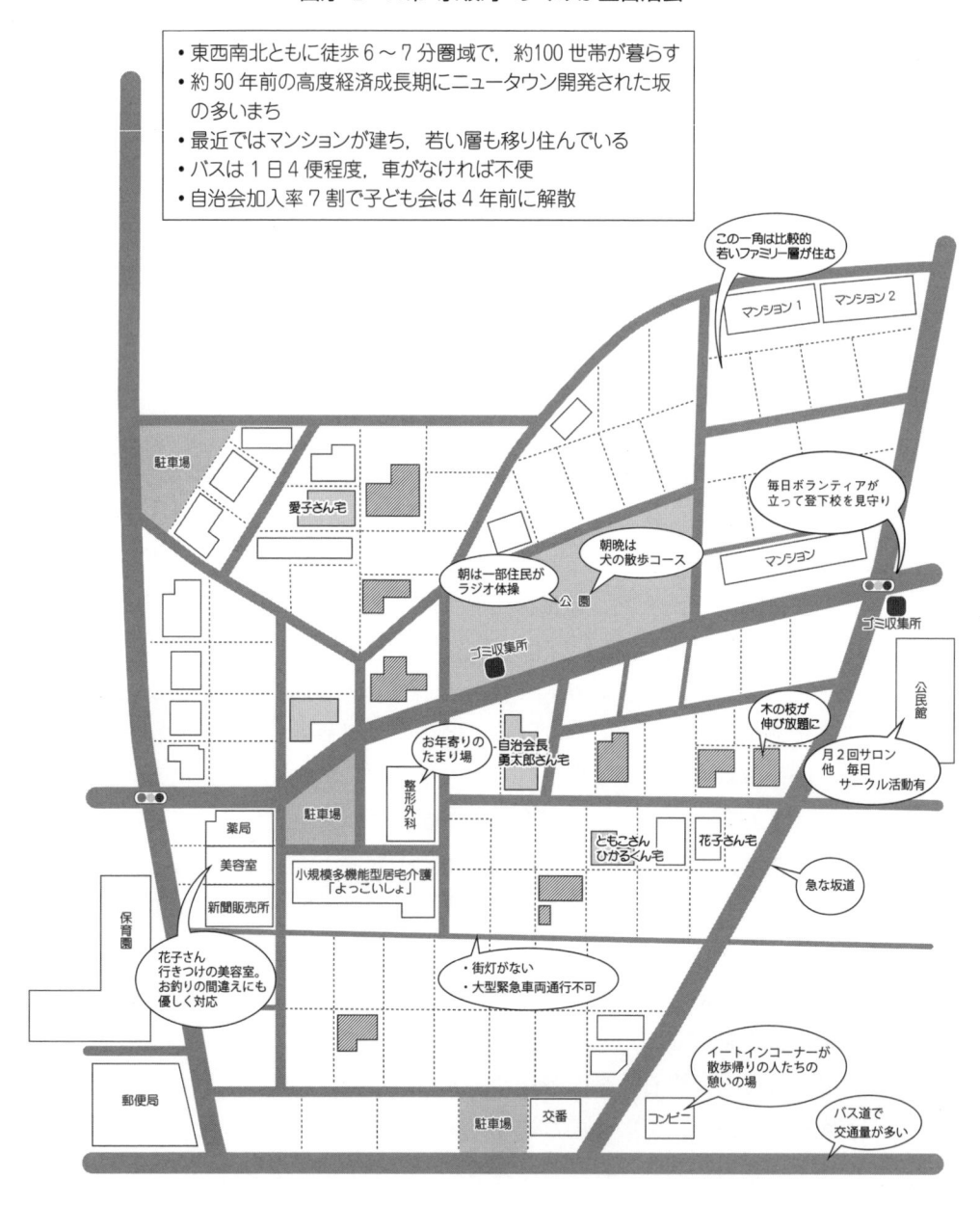

目　次

■第1章■　地域福祉の全体像をつかもう

■第2章■　地域って何？

■第3章■　その人らしい暮らしって何？

■第12章■　総合相談支援体制づくりと地域福祉計画

地域福祉の全体像を
つかもう

本章で学ぶこと ─────────────────────

☐ 地域福祉の目標と実践領域を理解する

☐ 当事者・地域住民・専門職の関係と自分の位置を理解する

☐ 地域生活支援と地域づくりの関係を理解する

私と地域のつながり方を見つめよう

☐ 設問1

　「どうして，地域住民の見守りや支え合いが必要なのか」というテーマで当事者，地域住民，専門職の3者の立場から考えてみましょう。

　タイムテーブルは以下の表を参照してください。

所要時間	テーマ・内容	ポイント
10分	グループワーク① （ワールドカフェ形式） (1)「どうして，地域住民の見守りや支え合いが必要なのか」に関する意見を，メンバー全員が模造紙に区分された3つの領域すべてに書き込む。 (2)ワーク　各3分×3ワーク ・専門職の立場　（赤） ・地域住民の立場　（緑） ・本人（当事者）の立場（青） 本人（当事者）／地域住民／専門職	・3者の視点に立って考える。 注）赤，緑，青は付せん紙の色。3色なら何色でもよい。
15分	グループワーク② （大事なコメント探し） 　模造紙に書き込んだ中から，「改めて気づいたこと」「大事なこと」を抜き出す。 ・専門職の立場　（赤）⇒2点～3点 ・地域住民の立場　（緑）⇒2点～3点 ・本人（当事者）の立場（青）⇒2点～3点	・大切だと気づいたこと・知ったことを要点化する（絞り込む）。
20分	グループワーク③ （話したこと・大事なことを伝える） 　「改めて気づいたこと」「大事なこと」を抜き出したものを別の模造紙に「みんなで地域見守り」というテーマでポスターを作成する（見える化）。	・3者の立場で気がついたことを広く共有化する意味を知る（言葉・図・絵で見せる）。
15分	全体発表・コメント	グループ間の共有化と3者の視点の違いを押さえる。

☐ 設問2

　専門職として，地域住民との連携・協働で悩んでいることや疑問を箇条書きで記入しましょう。

① 地域福祉とは

　地域福祉は，誰もが排除されない社会的包摂をめざした地域共生社会の形成を目標に，当事者・地域住民，専門職や事業者，行政等が協働していく政策や実践です。具体的には「地域ケア（地域生活支援）」「当事者・住民主体の福祉コミュニティづくり」「予防的・積極的社会福祉の実現」の３つの要素からなる，自治体域における社会福祉です。とくに，制度の有無に関係なく，常に新しく起こる地域の生活課題や福祉課題への対応をつくりだしていく開発性が特徴です。また，当事者や地域住民，関係者が直接的に参加する福祉です。

　ここでは，みなさんが一般住民にわかりやすく伝えるために，地域福祉の目的と実践内容を「誰もが，住み慣れた場でその人らしく暮らせる地域社会と仕組みを，みんなでつくる」と表現しておきます（**表1-1**）。

　以下，地域福祉の目的（表1-1の①〜⑥）を説明します。

　① 誰もが

　自治体内において，子どもや高齢者，障害者などの分野別福祉を横につなぎ，全世代にわたってすべての人がお互いを尊重してくらせる多様性豊かな地域づくりをめざす社会福祉

　② 住み慣れた場

　人口移動が激しい地域社会でも，地域との関係が保持でき，社会的孤立を生み出さない地域社会づくりをめざす社会福祉

　③ その人らしく

　それぞれの人権が保障され，お互いの関係の中から役割が生まれ，相互に自己実現できる地域づくりをめざす社会福祉

　④ 暮らせる

　どのような障害があっても社会とかかわって社会参加できるための公的保障の基盤と地域ケア・地域生活支援を展開する社会福祉

　⑤ 地域社会と仕組み

　以上の１〜４の総体を地域共生社会として形成し，地域生活支援のための総合相談支援や地域と協力した包括的な支援体制をつくる社会福祉

　⑥ みんなでつくる

　行政による公的保障と住民自治の基盤にたって，当事者・地域住民，事業者・専門職，行政が参加・協働して地域生活課題に持続的に取り組む開発的な社会福祉

表1-1　地域福祉の目的と実践内容

①誰もが	子どもから高齢者まで／総合福祉（⇔属性別福祉）／地域共生・社会的包摂
②住み慣れた場	生活と地域社会関係の継続性（⇔社会的孤立・排除）
③その人らしく	自己実現＝相互役割関係／関係の中での自立（頼り頼られる関係・"お互いさま"の関係）／エンパワメント（その人の潜在力の発揮）
④暮らせる	地域自立生活保障／地域生活の質の保障 ①地域ケア・社会参加支援 ②前提：所得保障／居住保障／外出保障／権利擁護
⑤地域社会と仕組み	福祉コミュニティと地域共生社会づくり／地域福祉のネットワーク（地域ケアシステム・総合相談支援／包括的支援体制）
⑥みんなでつくる	当事者・住民の参加，参画，運動（当事者・住民主体）／住民・専門職・行政の協働（住民自治とローカルガバナンス）／地域福祉計画／地域福祉活動計画／ソーシャルアクション

出所：藤井博志作成。

解説1　🖉　コミュニティ・地域社会と福祉コミュニティの関係

コミュニティとは，相互の人権尊重にもとづく公共性と共同性で結ばれるつながりを意味します。また，一定の圏域における共同性を有した社会を地域社会とも呼びます。このコミュニティや地域社会の中での課題のひとつは，少数の生活課題をかかえた当事者が見落とされがちになることです。

福祉コミュニティとは，その当事者の生活課題・福祉課題に着目して，当事者を中心に，その共感者や関係者でつながるコミュニティです。コミュニティや地域社会の下位コミュニティといえます。

社会的孤立や排除が広がる今日においては，地域づくり自体が福祉コミュニティづくりを目的としつつあります。それを「福祉でまちづくり」と呼んでいます。

福祉コミュニティの機能は，当事者と共感者・関係者の良好なコミュニケーション，助け合い，地域ケア・サービスの開発，将来に向けてのビジョンづくりや計画策定などです。

具体的には，当事者同士のセルフヘルプグループやその協力者や専門職のつながり，地区社会福祉協議会などの小地域福祉推進組織などが福祉コミュニティです（第5章参照）。多様な福祉コミュニティから生活課題や福祉課題が発信されることで，具体的な解決手段をともなった地域共生社会が形成されます。　（藤井博志）

解説2　🖉　「きょうどう」の意味：共同，協同，協働

「きょうどう」には3通りの表現があります。「共同」「協同」「協働」です。概して，共同は同じ基盤で力を合わせること，協同は同じ目的で共に心と力を合わせて協力すること，協働は「異質な主体のパートナーシップ」を意味します。

地域の「共同」性，生活「協同」組合，専門職・行政と住民との「協働」というように使用されています。本書では，この3つの「きょうどう」を使い分けています。

（藤井博志）

 地域福祉における「地域」の特性

> □ 地域福祉における「地域」の特性
> 1　問題発生と解決の場（早期発見，早期対応）
> 2　制度や仕組みを超える新しい課題に対応する場（開発福祉）
> 3　住民が暮らしとその基盤をつくる場（自治，共同と協同性，住民主体）

　以下，地域福祉における「地域」の3つの特性について述べます。

　①　問題発生と解決の場

　1つ目の特性は，地域は「問題発生と解決の場」であるという点です。たとえば，一人暮らしの認知症高齢者の増加とその対策は国レベルの課題といえます。しかし，一人ひとりの生活課題があらわれる場は，暮らしの場である地域であり，具体的な支援は地域で実践されます。早期発見・早期対応できるのも，遅くに発見され事後的な対応になるのも，地域という場です。

　②　制度や仕組みを超える新しい課題に対応する場

　2つ目の特性は，地域が「制度・仕組みを越える新しい課題に対応する場」であるということです。問題が起こるということは，それに対応する制度や仕組みが不全である，あるいは問題に対する社会認識が希薄であるということです。一人暮らし認知症高齢者を例にとれば，一人暮らしの認知症高齢者に対応する制度や仕組みがあれば，生活課題は浮上しません。課題に対応する制度や仕組みが不十分である場合に「一人暮らし認知症高齢者への支援」という新たな課題があらわれ，それに直面するのが地域です。このため，地域福祉実践の本質は，制度外の課題に対応する自発的，開発的な社会福祉です。

　③　住民が暮らしとその基盤をつくる場

　3つ目の特性は，地域は「住民が暮らしとその基盤をつくる場」であるという点です。地域福祉では，暮らしづくりの主体としての住民主体や住民自治という理念・原則を重視します。住民主体とは，住民が地域生活と福祉の権利主体であるという地域福祉における住民の位置づけを表した表現です（61頁参照）。また，住民自治とは，住民主体にもとづく住民の意思と責任にもとづいて団体自治（行政）とともに地方自治をつくる考え方です。地域福祉は福祉的な住民自治をめざすとともに，一人ひとりの課題を自己責任として個人に押し付けず，お互いさまとして地域課題化して解決する共同性や協同性を重視します。

③ 地域福祉実践の領域

☐ 地域福祉実践の４つの実践方法

地域福祉実践の方法は，以下の４つに分類されます。

> ① ケアワーク，ミクロのソーシャルワークと地域ケアシステム（実践領域：ミクロ・メゾ）
>
> ② コミュニティワークとネットワーキング・ソーシャルアクション（実践領域：メゾ・マクロ）
>
> ③ ソーシャルプランニングとアドミニストレーション（実践領域：マクロ）
>
> ④ 福祉組織のマネジメント（実践領域：メゾ）

地域福祉の実践は，基礎自治体で実践される社会福祉として，ミクロ，メゾ，マクロに及ぶ幅の広い領域の実践です。ミクロとは対個人の視点，メゾとは機関，団体，地域とその活動（事業）との連携の視点，マクロとは計画や施策・政策の視点をさします。その境界は明確には定まっておらず国や対象によって変わります。たとえば，アメリカではマクロソーシャルワークにメゾ領域を含んでいます。

地域福祉実践とは，メゾ領域を中心として，ミクロ，マクロの領域を含んで展開される実践や施策・政策といえます。

もちろん，これらを一人の専門職がすべてを担えるものではありません。しかし，各専門職が地域福祉実践の全体像を理解し，その中での立ち位置（役割・機能）を認識した上で，当事者・地域住民との協働や他の専門職とのチーム連携を模索することが大切です。また，地域自立生活支援に焦点を合わせたこれらの統合的な実践を地域を基盤としたソーシャルワークと呼ぶこともあります。

☐ 各実践方法をくわしく説明

以下，先に述べた①〜④の実践方法について説明します。

① ケアワーク，ミクロのソーシャルワークと地域ケアシステム

当事者の地域生活を実質的に支えるのは，ケアワークです。そしてその質量に及ぶ充実が必要になります。その次に必要なのが，社会資源を使って自己実現を図るための相談援助による支援です。ここでは当事者個人に焦点をあてた実践に限定して「ミクロのソーシャルワーク＝相談援助」と表現しておきます。ソーシャルワーク自体は，当事者と環境の双方に介入しながら，個人への支援

と地域社会や制度環境を変えていくための社会変革をめざす実践です。したがって，ミクロ・メゾ・マクロ実践のすべてを含む実践です。そして，それらを状況に応じて一体的，統合的に実践することが，今日的なソーシャルワークとしてめざされています。

　また，地域生活の支援は当事者の生活全般を支援することから，保健，医療，福祉をはじめ教育，文化，安全，環境，住居，仕事などのあらゆる生活関連領域と連携することが必要です。そのための地域ケア・地域生活支援の連携技術をケアマネジメントと呼び，そのネットワークの仕組みを地域ケアシステムと呼びます。

　② **コミュニティワーク，ネットワーキング，ソーシャルアクション**

　次に重視されるのは，福祉的で共同性の高い地域づくりへの合意と組織化を図るコミュニティワークです。生活の場で孤立や排除の状況をつくらない地域社会の形成は，地域福祉の目標です。

　コミュニティワークは，福祉の専門職だけでなく，地域にかかわる他の専門職や住民リーダーも活用する地域づくりの方法です。その一環として当事者，住民による権利要求運動や，専門職によるソーシャルアクションなども含まれます。

　また，地縁組織やNPOに限らず，今日の担い手不足の慢性化や生活課題の多様化などにより，組織間の同一の目標設定と協働活動が困難になりつつあります。そこで，広い共通テーマのもとで柔軟に連携・協働していくためのネットワーキングも地域福祉実践の方法として重要になっています。

　③ **ソーシャルプランニングとアドミニストレーション**

　少子高齢化や単身化，また貧困格差が生じている現代社会では，残念ながら生活課題が広範にわたり，その中で福祉課題がより深刻化しています。このため，事後的でなく予防的な社会福祉，つまり積極的な先行投資としての社会福祉により，問題の深刻化を防ぐ実践や政策が必要です。この考え方にもとづく方法として，地域福祉計画等の策定（ソーシャルプランニング）や，それらの社会福祉計画にもとづく政策運営（アドミニストレーション）を担う，行政の役割が重要になってきています。

　④ **福祉組織のマネジメント**

　地域の新たなニーズに着目し，それに取り組むことを受け入れる職員間の連携や組織風土づくり，組織理念と目標を確認する組織計画づくりなどが地域福祉を実践する組織マネジメントとして重要です。

　地域福祉の実践は制度活用にとどまらない，「制度の狭間」とよばれる制度外の問題への開発的な実践が求められます。そのためには，専門職自体がどこまで実践する必要があるのかという専門職自身の自己省察が求められるとともに，所属組織の判断に左右されます。また，社会福祉施設が地域公益活動など

で地域住民と協働する場合は，地域の動きに合わせて柔軟に対応する組織運営も求められます。このように，地域福祉を実践するための組織マネジメントも，重要な地域福祉実践の方法としてとらえておく必要があります。

解説3 ✎ ソーシャルサポートネットワーク

ソーシャルサポートネットワークとは，ソーシャルサポート（社会生活上の支援）をソーシャルネットワーク（社会的なネットワーク）で支援するという地域生活支援の方法です。具体的には，専門職と当事者・家族・近隣・ボランティア等の協働による生活支援の実践方法です。

このソーシャル・サポートの機能は，情緒的サポートと手段的サポートに分類されたり，情緒によるサポート，評価によるサポート，情報によるサポート，物的手段によるサポートなどに分類されます。

ソーシャルネットワークの機能は下記の①〜③のように多様な支援が存在します。たとえば，①家族，友人，隣人，職場の同僚などのような「自然発生的に存在するサポートシステム」，②セルフヘルプ・グループや相互援助グループもしくはボランティアグループのような「意図的に創られるサポートシステム」，③専門機関や施設に配置されている専門職員のような「社会制度化されているサポートシステム」などです。

（藤井博志）

地域生活支援と地域づくりの関係

　近年，地域を基盤としたソーシャルワークとして，地域生活支援（個別支援）と地域づくり（地域支援）の一体的な展開が提唱されています。**図1-1**はその全体像を示したものです。

☐　3つのフレーズ（場面）の解説

　地域住民と協働して実践する地域とは，地域住民と専門職・行政双方に福祉力が蓄積されていく場という視点でとらえておきましょう。

　地域生活支援と地域づくりの関係では，「A：ニーズの入口」「B：ケース対応」「C：ニーズの出口」という3つの場面があります（**図1-1**）

　3つの場面でのそれぞれの段階での経験が地域の福祉力となって蓄積されます（56頁参照）。一方，専門職・行政側にも専門的な問題解決力やそのための社会資源を見出す力，連携・協働力が高まってきます。

　以下，A〜Cの順に説明していきます。また，一例としてA⇒B⇒Cの順番に説明しますが，実践的には，ABCのどの場面からも実践の起点があると理解してください。

☐　A：ニーズの入口──コミュニティワーク

　地域では，ニーズが潜在化しやすくなります。ニーズが顕在化しやすい地域にすることが，早期発見・早期対応をはじめとした予防的対策につながります。また，この段階での専門職のアウトリーチ（出向く活動）は，フィールドワーク（地域を知る活動・地区視察）やコミュニティワークが主要な実践となります。そこでニーズが発見されてはじめて訪問活動という個別のアウトリーチが展開できることになります。

　一般にニーズが潜在化しやすい要因には，「地域社会の偏見」，「セルフネグレクト」，「自己のニーズの認識不足や欠如」，「アクセシビリティ（接近性）の低さや社会資源の不足」などがあげられます（本書第4章参照）。また，これらの対策の基盤として，人権教育や社会教育を基盤にした福祉学習・教育や小地域福祉活動，ボランティア活動，NPO，セルフヘルプグループの活動などによる地域の耕しが必要です。

☐　B：ケース対応──ソーシャルサポートネットワーク

　地域生活支援では社会関係支援を重視します。このため，「専門職─当事者」

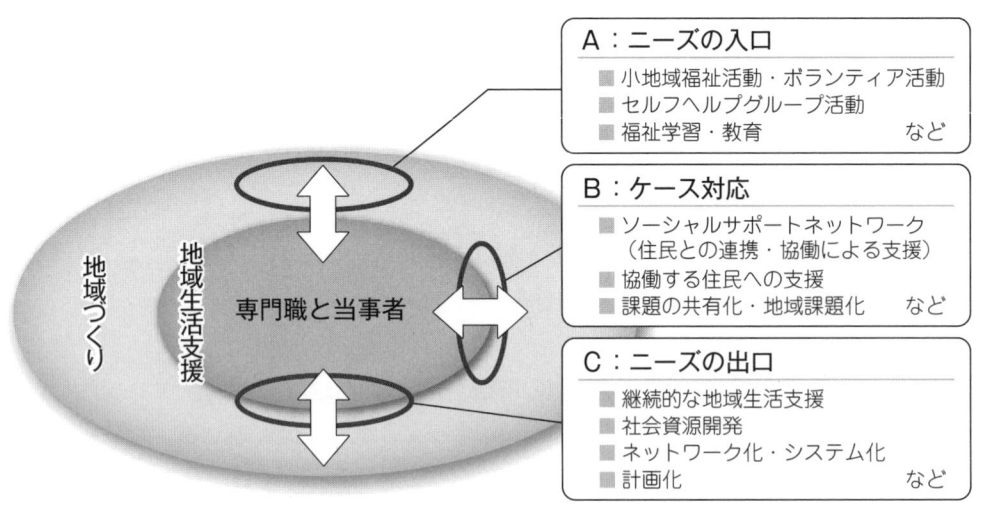

図1-1　地域生活支援と地域づくりの関係

A：ニーズの入口
- ■ 小地域福祉活動・ボランティア活動
- ■ セルフヘルプグループ活動
- ■ 福祉学習・教育　　　　　　など

B：ケース対応
- ■ ソーシャルサポートネットワーク
  （住民との連携・協働による支援）
- ■ 協働する住民への支援
- ■ 課題の共有化・地域課題化　　など

C：ニーズの出口
- ■ 継続的な地域生活支援
- ■ 社会資源開発
- ■ ネットワーク化・システム化
- ■ 計画化　　　　　　　　　　など

地域づくり／地域生活支援／専門職と当事者

出所：藤井博志作成。

という関係だけでなく，当事者の地域社会関係を広げるために専門職と近隣，ボランティア等との協働が求められます。このような実践をソーシャルサポートネットワークと呼びます。

　ここで大切なことは，専門職と地域住民，ボランティアの関係性です。専門職にとって，社会資源の活用が重要な実践であることから，ボランティアも社会資源の一つとして「活用」しようとする傾向があります。しかし，サービスは活用できても，ボランティアは活用できません。なぜなら，住民やボランティアは，同じ地域の仲間や将来の「私」が孤立せずに安心して暮らせる地域をつくりたいという当事者との共感や地域愛などの自発性や内発性で活動しているからです。この自発性や内発性は「活用」として消費しようとすると減退します。自発性や内発性は当事者・住民・専門職の各主体間の相互の協働（協同）活動によって育まれるものです。

　また，専門職はボランティアや地域住民と協働するだけでなく，住民活動の継続性への支援やそこで気づいた地域生活課題を住民同士が共有していくための支援を行います。

☐ C：ニーズの出口——２つの出口

　地域生活支援には２つの出口があります。１つ目は，支援した個人のその後の対応です。地域生活支援では，その人が望むなら地域で暮らすことを最期まで支えることが求められます。これは，一人ひとりへの支援の継続性に関する実践です。

　２つ目には，個別の課題を含めて類似の課題をもつ人々のニーズを集合的にとらえ，そのための社会資源開発やシステム化，計画策定とその進行管理を行

う実践です。

☐ 個別支援と地域支援という用語について

近年，個別支援と地域支援という用語が多用されています。「地域支援」という用語の由来は定かではありませんが介護保険制度の「地域支援事業」などから援用されたものと思われます。

個別支援とは，正確には「地域生活支援」ということができます。人としての尊厳が保持される社会関係の中で生活することを支援する実践です。もちろん，入所施設における入居者への生活の支援も，施設が生活施設を目標とする脱施設化の実践であれば，地域生活支援といえます。

さて，個別支援の対語としての地域支援という用語は，やや不正確な使い方です。ここでの地域支援とは，コミュニティワークを中心として，地域ケアシステムづくり，地域福祉計画策定とそれにもとづく行政による政策運営までを含む幅広い意味が含まれています。また，専門職は地域を「支援する」こともありますが，地域を主体とした場合は地域と「協働する」ことを重視します。したがって，「地域支援」は「地域づくり」という表現の方が適切でしょう。

大切なことは，個別支援だけが独立して存在するのではなく，当事者や住民の生活基盤である地域や自治体施策および各種の連携・協働の中で一体的に実践されるという理解です。

☐ 「個別支援から地域支援へ」という表現のもつ問題点

よく使用されるフレーズに「個別支援から地域支援へ」という表現があります。これは，わかりやすい表現である一方，一方向のみを示す表現は実践を硬直化させる危険性もあるフレーズとして注意しておく必要があります。地域福祉実践は，当事者主体のもと，メゾ領域（機関，団体，地域）を中核として，ミクロ（個人）と，マクロ（地域，政策）の各領域に及ぶ幅広い実践です。また，この3領域はミクロから入ってメゾ・マクロに至る実践もあれば，マクロから入ってメゾ・ミクロに及ぶ実践，メゾからミクロ・マクロの双方に働きかける実践など多様なルートで展開されます。

地域という土壌に当事者・地域住民の地域福祉活動や地域ケアシステム，施策などが蓄積され，それが個別支援のどの過程にも影響を与え，逆に，個別支援のどの過程も地域にその実践の成果が蓄積されるというイメージです。

たとえば，「Aさんを制度だけで支えられずに困っていたところ，10年前に結成されたボランティアグループが協力を申し出て解決した。そこから支援が地域にさらに広がった」というような展開です。

解説4 　地域福祉と社会福祉施設の関係

現在，社会福祉施設の公益的活動が法律で定められ，社会福祉施設の地域公益活動が施設の地域福祉実践として注目されています。ここでは，社会福祉施設との関係での地域福祉実践を解説します。

① 施設入居者を地域住民とする実践

地域福祉実践は，在宅の当事者・住民だけでなく，施設入居者も地域住民の一員としてとらえる実践です。具体的には，施設入居者が地域にかかわる活動を進めます。施設の夏祭りに地域の関係者が行くのもいいですが，地域の夏祭りに施設入居者が参加するような双方向の実践です。

② 社会福祉施設の社会化と地域化

社会福祉施設の社会化とは，機能・処遇・運営・問題の4つの社会化といわれています。機能の社会化とは施設の機能を地域に提供すること，処遇の社会化とはボランティアの受け入れなどにより施設を生活の場に近づけること，運営の社会化とは経営情報の公開をすることです。そして最も重要なのが「問題の社会化」です。入居施設は何らかの理由により地域で暮らせない人が生活する場です。したがって，社会福祉施設は地域生活課題を最もよく知っているといえます。社会福祉施設の公益性は，入居者の生活を支えつつ，地域で暮らせる条件を整備していくために，その問題を地域に投げかける機能です。

その問題の社会化の延長にあるのが施設の地域化です。これは，脱施設化ともよばれ，その機能は施設を地域密着・小規模・多機能化することといわれています。社会福祉施設が入居者とともに地域に密着し，その過程で施設をなるべく民家に近づけるように小規模化して地域に溶け込ませる取り組みです。その機能は生活の連続性や全体性を小規模で支えるため，総合的に対応するという施設の改革です。この実践の過程で，入居者への地域の偏見差別の解消への取り組みを進めていきます。

③ 地域の力をつけることと入居者の地域生活の保障

地域で暮らせないから施設へという発想では，地域がその問題を考えないため，地域で暮らしていける条件づくりには向かいません。また，現在の施設における地域公益活動も施設入居者を置いて地域に貢献するということでは，地域が施設に依存し，地域力を奪うことにもなりかねません。地域で生活できる条件を，地域と施設が協働してつくることと，施設の入居者を地域の一員として生活するための支援を統一的に実践することが，社会福祉施設の地域福祉実践です。

（藤井博志）

地域って何？

本章で学ぶこと ───────────────

□ 暮らしの場の総合性を理解する

□ 当事者からみたフォーマルとインフォーマルな資源の関係を理解する

□ 地域福祉における「重層的な圏域」のとらえ方を理解する

地域をイメージしよう

　演習の舞台は,「演習事例の舞台となる地域と登場人物」(ⅴ頁) で紹介した「めぐみが丘自治会」です。地図 (図序-2：ⅵ頁) を見ながら下記の事例を読み,設問1〜3に取り組みましょう。

事例

　A市永坂町は,高度経済成長期にニュータウン開発された坂の多いまちです。永坂町の商店街はシャッターが閉まったままの店が増え,人通りが少なくなっています。3年前に,車で10分ほどの市の中心部にショッピングモールができたことをきっかけに,食料品を購入できる商店が永坂町からはなくなってしまいました。バスは1日4便,多くの住民はマイカー通勤です。介護が必要になった高齢者たちは,町外の子どもたちに呼び寄せられることも多くなって,空き家がチラホラ出てきました。

　さて,事例の舞台は,永坂町にあるひとつの自治会「めぐみが丘自治会」エリアです。東西南北ともに徒歩6〜7分圏内のこのエリアには,約100世帯の住民が住んでいます。50年前のまち開きからの住民に加え,マンションが建ち,若い家族層も移り住んでいます。自治会の加入率は7割と高いのですが,加入する世帯主の多くは高齢者です。自治会の役員の引き受け手が少なく,七夕会と敬老会とクリスマス会の年3回の行事をするのが精一杯です。子どもの数は減少し,4年前についに子ども会も解散してしまいました。

　「めぐみが丘自治会」エリアに住む住民たちの暮らしから,地域での暮らしと支援を考えましょう。

☐ **設問1**

　めぐみが丘自治会の住民として,80歳になったあなたを想像し,「どんな暮らしをしていたいか」を考えてみましょう。

☐ **設問2**

　80歳のあなたにとって,この地域の「いいところ」,「気になるところ (課題)」はどんなところですか。考えてみましょう。

☐ **設問3**

　設問1と**設問2**では「80歳のあなた」の立場になって考えてみました。「専門職である今のあなた」と感じ方や考え方に違いはありましたか。気づいたことを書き出してみましょう。

 人を元気にする資源は暮らしの場（地域）にある

設問1・2・3

80歳になったあなたは，どんな暮らしをしていたいですか。

きっと思い浮かぶのは，家族や友人との良好な関係の中，趣味を楽しんだり，行きつけのお店に通ったり，いろんな資源とのつながりがある暮らしではないでしょうか。

☐ 自治会・小学校区圏域での暮らしの充足

地域という暮らしの場は生活に必要な基礎的な要素がそろっていることが重要です。一般に小学生は「小学校区圏域」を生活圏域にしています。高齢者の生活圏域もおよそ小学校区圏域ですが，75歳以上の後期高齢者になると，5 m幅の道路が生活圏域を区切ってしまいます。したがって，自治会圏域が生活圏域となります。多くの高齢者が居場所や交流拠点は「歩いて10分」の場所を希望します。

これらの圏域に暮らしに必要な第一次的な施設や組織，活動があることが住みやすい地域といえます。一般にその領域は，福祉，健康，医療，防災，安全，教育，文化，環境といわれています。かつての地域社会は，「地場産業や農業」と「助け合い」が地域の生活基盤でもありました。

自治会などの地縁組織は，これらの暮らしに必要な生活基盤を共同して整備してきたといえます。

☐ 自助，互助（共助），公助の関係

これらの生活基盤の充足の方法は，一般に自助，互助（共助），公助とも呼ばれています。しかし，これは自助⇒互助（共助）⇒公助の順番ではありません。

自助は家族をはじめ互助の中で育まれるものです。また，この自助を育む互助はしっかりとした公助としての制度基盤の上に成り立ちます。地域福祉実践はこのような3者の関係を踏まえながら，地域という「互助（共助）」を「新たな公共性」として地域共生社会の基盤としてつくりあげる実践です。

☐ 当事者からみたフォーマルとインフォーマルな社会資源の位置

図2-1は，前述した自助・互助（共助）・公助の関係を踏まえつつ，高齢者の個人の視点から地域で生活するのに必要な社会資源等の関係を示した図です。

まず，私たちの暮らしの基盤は家族や家庭です。家庭の営みに必要な物資を入手する店舗や娯楽などの生活を豊かにする趣味の場や交流の場などの居場所

図2-1 高齢者本人を支える多様な社会資源

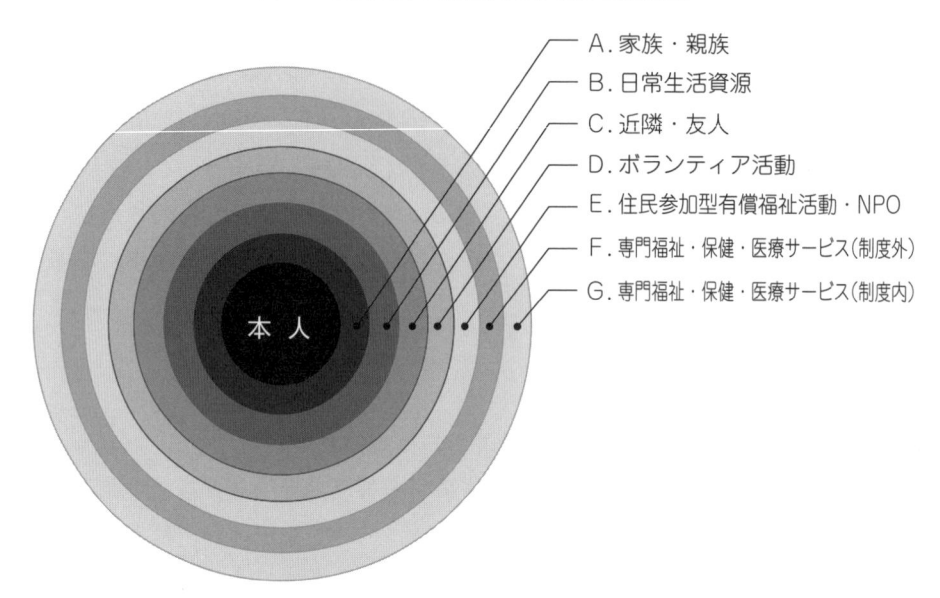

- A. 家族・親族
- B. 日常生活資源
- C. 近隣・友人
- D. ボランティア活動
- E. 住民参加型有償福祉活動・NPO
- F. 専門福祉・保健・医療サービス（制度外）
- G. 専門福祉・保健・医療サービス（制度内）

本 人

出所：藤井博志（2010）『地域共同ケアのすすめ』CLC，3。

が必要です。その上で，近隣や友人などの良好な関係がつくられます。また，社会参加としてボランティア活動や仕事の場が必要です。

　それらの日常生活の関係を維持するには，福祉・保健・医療をはじめとした公的サービスの社会資源が身近に整備されている必要があります。この公的なサービスの内，社会と関係する（社会参加）のための移動支援サービスなどの外出保障も重要となります。

　このように，当事者が生活の主人公として生きるには，専門職とのかかわりや福祉サービス利用の前に，暮らしの場にあるインフォーマルといわれる日常的な生活資源とのつながりが大切です。専門職の目線で地域を眺めると，当事者の生活支援に役立つフォーマルなサービス資源があるかないかに目がいきがちです。しかし，まずは当事者の暮らしをよく観察し，本人が大切にしている人や活動，役割や生きがいなど，地域社会関係を豊かにするインフォーマルな社会資源を見つけましょう。地域には，その人にとって大切な資源がたくさんあります。

 地域生活課題は「福祉」だけじゃない

☐ 暮らしの場で起こる生活のしづらさ全体をみる

　地域福祉でいう地域生活課題は，対応する制度のあるなしにかかわらず，地域で発生する生活のしづらさ全般をさします。

　演習では，買い物問題から空き家問題，防災・防犯など，めぐみが丘の地域住民の立場で幅広い課題を発見したのではないでしょうか。地域福祉は，高齢・障害・児童・経済的困窮といった制度上の福祉にとらわれない幅広い課題を対象とします。近年，それは社会福祉法においても，地域住民や世帯を対象として，福祉，介護，介護予防，保健医療，住まい，就労及び教育，地域社会からの孤立などが地域生活課題として規定されています（参考資料1，社会福祉法第4条第2項：176頁参照）。

☐ 生きづらさの背景にある社会的要因をみる

　地域生活課題は大きくは2つに分けることができます。1つ目は，多くの住民に共通する課題です。めぐみが丘でいえば，交通問題や地域組織の担い手問題などが，多くの住民にとっての課題です。2つ目は，社会的に弱い立場，孤立しがちな人に集中してあらわれる生活のしづらさです。足腰が弱った人にとって道路を渡ってバスに乗ったり，ゴミ出しに数百メートル歩いたりするのは大変不便です。地域福祉では，孤立しがちな人々にあらわれやすい課題（社会的孤立や排除の課題）の社会的要因を分析した上で，それを個人の課題にせず，地域で「みんなの課題」にしていく過程を支援します（第6章）。

　地域をみる上で，もうひとつ忘れてはならないのは，課題だけをみないということです。地域のいいところ，地域のもつ力を幅広くみます。特に，地域の共同性や協同力を重視します。たとえば，めぐみが丘には多くの交流の場があります。その場から生まれるつながりや豊かなコミュニケーションなど，目に見えないつながりが暮らしの場にはたくさんあります。こうした目に見えないつながりが，自分たちの暮らしの課題を協同で解決する力の源なのです（第7章）。これらのつながりは，信頼性と互酬性にもとづくネットワークというソーシャルキャピタル（社会関係資本）として注目されています。

③ 圏域理解は重層的にとらえる

　地域福祉では，地域を重層的にとらえます（**図2-2**）。①住民がご近所同士の見守りを行う圏域（隣保，組や班などの近隣），②住民が様々な地域活動をしやすい圏域（自治会・町内会域等），③活動者同士，あるいは専門職との協議・連携を進める圏域（小学校区域等），④福祉サービスの整備や専門的支援が提供される圏域（中学校区〜市町村域等）を把握していきます。

　重層的にとらえる視点は次の3点になります。

☐ 歴史的な地域の変遷を知る

　重層的な圏域理解には，地域の成り立ちも含まれます。明治，昭和の市町村大合併前の旧村単位の結びつきが生きている地域もたくさん残っています。地域住民にとってなじみのある圏域を住民から教えてもらいましょう。地域の見方（＝地域診断）は，第7章で学びます。

☐ 圏域によって中心となる主体の特徴を踏まえる

　地域福祉実践は，圏域によって中心となる主体が異なります。

　一般的に，地域住民が中心となって活動する圏域は小学校区圏域まででしょう。

　班・自治会域では，見守りやサロン活動が適しています。小学校区だと学習会や団体間連携による組織的な活動ができます。班・自治会域での実施が適した活動を小学校区域の組織に押し付けたり，その逆をしたりすると活動が進みません。また，活動を担う組織も同様です。自治会の加入率が低下して自治会だけで物事を決めて活動をしていくのが難しい場合，まちづくり協議会などの小学校区の横断的な組織をつくって二重の推進力をつくります。専門職は圏域を診断し，活動と組織に対して現状に即した働きかけを行います。

　また，専門職は地域包括ケアなどにみるように，およそ中学校区域を最小エリアとして連携しますが，住民と連携する場合は，住民の生活の場である小学校区圏域などの小地域福祉活動圏域で連携するという認識がとても大切です。

☐ 各圏域は相互に開かれた関係にある

　これらの重層的な圏域の把握では，自治会域や小学校区域などの地域住民の生活共同基盤がどの圏域にあるかを把握することが重要です。

　しかし，これらの重層的な圏域は厳密に区切られ閉ざされた圏域ではありま

図2-2　重層的な圏域（エリア）設定のイメージ

（ある自治体を参考に作成したものであり，地域により多様な設定がありうる）

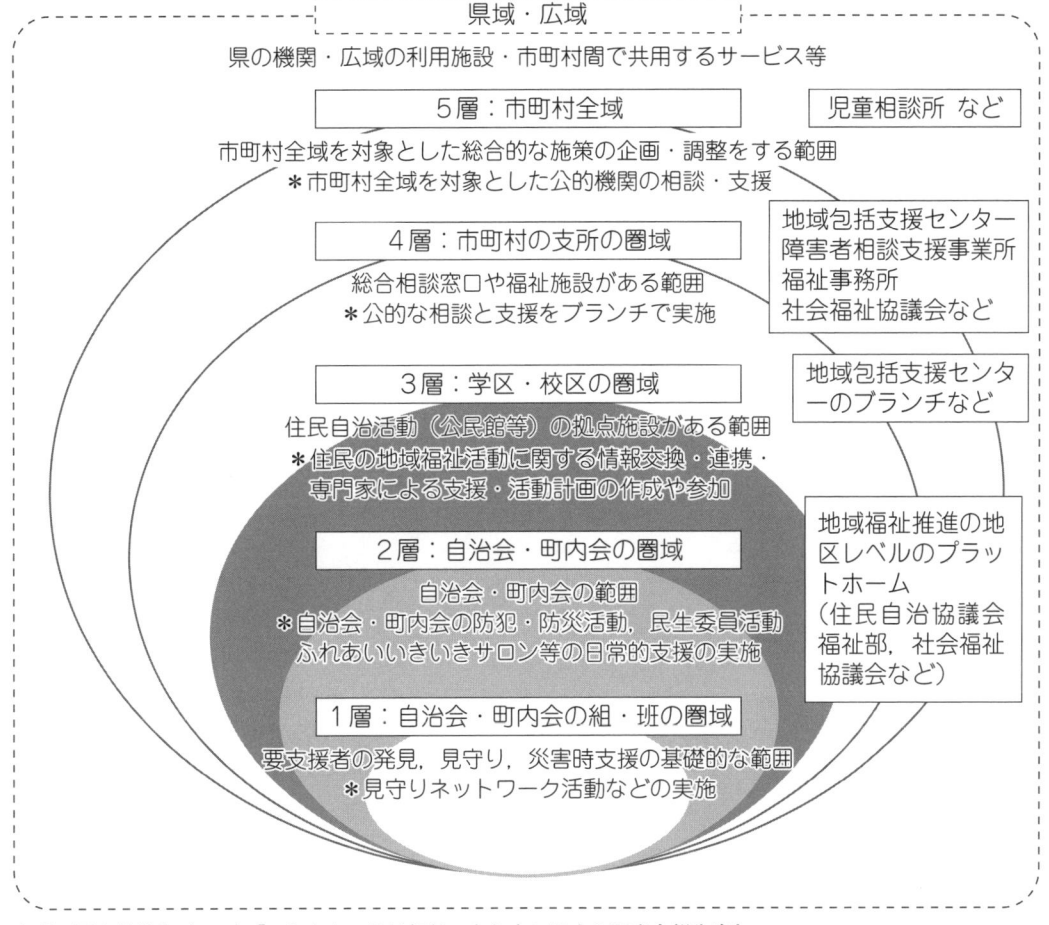

出所：厚生労働省（2008）『これからの地域福祉のあり方に関する研究会報告書』。

　せん。地域住民も状況や活動テーマに応じてこれらの圏域を行きかっています。各圏域の特性を意識しながら必要に応じて相互に補完していく開かれた関係としてとらえましょう。

■第3章■
その人らしい
暮らしって何？

本章で学ぶこと ─────────────────────────

☐ 地域生活支援における地域の見方と専門職の役割を理解する

☐ 地域生活支援における住民の役割を理解する

☐ 地域生活支援において地域・自治体に必要な要件を理解する

地域住民と当事者の多様な関係の見方

事例の主人公は，めぐみが丘に暮らす花子さんです。先に述べた（v頁）登場人物を参照のうえ，下記の事例を読み，設問に取り組みましょう。

事 例

冬の寒い時期のことです。愛子さんの息子が，夜にコンビニへ行く途中で，花子さんに声をかけられました。

「にいちゃん，このあたりに公民館ないか？」「公民館はあっちだけど………いま頃何しに行くの？」「子どもが待っているのよ」と言って，花子さんは慌てた様子で行ってしまいました。花子さんは，毛糸の帽子を手に素足でした。家に帰った息子は，お母さんの愛子さんに，「花子ばあちゃんが，素足で公民館に行ったんだ」と話しました。愛子さんは，「えっ！　こんな寒いのに凍えちゃうわ」と飛び出しました。

愛子さんが公民館に行くと，花子さんは真っ青な顔でうずくまっていました。「こないだのどんど焼きで，ひかるくんが帽子を忘れた。帽子がないと寒いだろ」と。どんど焼きの時の花子さんのうれしそうな顔を見ていた愛子さんは，花子さんの気持ちが痛いほどわかったので，花子さんと一緒に帽子をひかるくんのところへ返しに行きました。すると，ひかるくんが「ば〜ちゃ〜ん！」と笑顔で飛びつきました。花子さんは，「よしよし」と抱きしめるのでした。

ある時，花子さん宅でボヤ騒ぎがありました。一人の近隣住民が「これ以上，花子さんを一人で住まわせるのは無理だ。早く施設に入所してもらうべきだ」と自治会長の勇太郎さんに訴えたという話を，愛子さんは勇太郎さんから聞かされました。花子さんを気にかけていた愛子さんは困って，地域包括支援センターの新人ソーシャルワーカー長谷川さんに相談しました。

長谷川ワーカーと愛子さんが花子さん宅を訪問すると，家にはごみ袋が玄関先にまであふれ，郵便受けには健康食品や布団などの請求書が詰まっています。花子さんは，愛子さんには穏やかな顔を見せますが，長谷川ワーカーには険しい顔でにらみつけ，外に出ようとします。

☐ **設問1**

あなたが花子さんのご近所の愛子さんの立場だとすれば，あなたは花子さんの何を気にかけますか。

☐ **設問2**

「早く施設に入所してもらうべきだ」と言った近隣住民は，どんな気持ちでそう発言したと思いますか。また，あなたは専門職としてどのようにかかわりますか。

① 地域住民が当事者を気にかける視点

設問1

> **☐ 地域住民の当事者への気のかけ方**
> 1　自分自身との普段の付き合いの度合いによって見方・かかわりが変化する
> 2　付き合いがある住民同士は，日常の気遣いから当事者の変化も敏感にキャッチする
> 3　付き合いがある住民同士は，困りごとに対して自分のできる範囲で柔軟に対応する

☐ 普段の付き合いから生まれる住民同士の気遣い

　地域住民は，お互いを「生活のしづらさを抱える人かどうか」という観点で見ていません。普段の付き合いの度合いに応じて，相手への自然な気遣いや見守りが生まれます。そして，もし何か気になることがあれば，柔軟に対応しようとします。地域住民による見守りや支え合いは，何かあってからではなく，日常から自然にあるものです。これは当たり前のことのように思えますが，専門職が地域での当事者の見守りや生活支援を考える際に，こうした見方が置き去りにされがちです。

コラム1  　地域にかかわるスタンス
──障害分野の個別支援ワーカーとして

　私が相談支援専門員（以下，「相談員」という）としてかかわる障害のある人や家族を通じて最近，特に思うことは，障害のある人の生活が福祉サービスで完結してしまっているということです。以前，重度の重複障害の子どもがいる家族から「地域って何だろう。同じマンションでもこの子を知らない人が多いし，最近は近くのスーパーにも一緒に行くことが難しい。この子は地域にいるようで（地域に）いない気がする」という話を聞きました。

　多くの相談員は，生活を支えるうえで福祉サービスだけでは限界だと感じているのではないでしょうか。また，相談員の仕事はサービス調整だけではないことも理解していると思います。しかし，すでに福祉サービスで完結してしまっていることが多い中，相談員だけでなく本人や家族を含めて地域がみえにくい状況になっているように感じます。

　相談員に必要なことは，この状況に対して良い悪いではなく，不自然であることにまずは気づくことだと思います。そして，地域にいるようでいないと感じてしまっている本人や家族がいる現状を打開するためには，相談員自身が地域とのかかわりを深めていくことが大切です。相談員が地域の人々とつながったとき，本人や家族の生活が自然な形に向かう一つのきっかけになります。

（神谷宣）

解説5 ✏️ ボランティアのアセスメント視点

あるボランティアにこの事例を説明し，あなたなら花子さんにどう接するか（何を見て，何を聞いてくるか）を尋ねたところ「友人と2人でお菓子をもっていって，一緒に食べながら一日の過ごし方を聞くわ。それから，いらないものだけ分けてくれたら，ゴミ出し手伝うよと言うわ」と答えました。花子さんの立場に立った理にかなった面接です。

このボランティアが語った花子さん理解の視点，いわば住民によるアセスメントの視点を下に示します。参考になる点があるのではないでしょうか。

- どんな暮らしをしているかを見る（洗い物ができているか，掃除はどうか，料理はしているか）。
- 買い物はどうしているか，台所，冷蔵庫を見

ることができれば確認する。

- 花子さんと会話をする人が近所にいるかを確認する。
- 玄関のスリッパを見る（ひっくり返っているのは履いていない証拠）。
- 女性なら髪型を見る（くくっているならよいがバラバラだと身なりを気にしていない）。
- 民生委員・児童委員がくるかどうかを尋ねる（公的な支援につながっているか）。
- 座ったら動かない（あとで物がなくなったと言われないよう動き回らない）。
- 帰るときに「来てもらってうれしかった」と相手に言われるように心がける。
- 一回きりにしない。継続して寄り添う。

（永坂美晴）

解説6 ✏️ 専門職のアセスメント視点

専門職として人を支援するとき，どのような情報から何を分析しますか。

「花子さんの家にはゴミがいっぱいある。さぁ，大変！　ゴミをどうしよう。花子さんは認知症になって，いろいろな業者からだまされているに違いない」といったことが頭をよぎるかもしれません。しかし，「認知症になった人のゴミ屋敷をどうしよう」と考えると，その人の歴史や個別性は尊重されないまま，「ゴミ」という課題に目を向けてしまいがちになります。

まずは，本人を理解すること。このためには，「どこが問題か」だけでなく，「本人は何を望んでいるのか」，「本人の力・強さは何か，強さをいかに生かせるか」という視点からの多角的な

アセスメントが欠かせません。専門職は，今までの経験などから，個人の身体面，精神面，経済面，住居等の環境面，生活のしづらさ等のアセスメントをしやすい傾向にあります。しかし，実際には家族，友人，近隣等の人間関係，自治会，店舗，銀行，学校，病院，趣味の会など，数限りない生活資源が本人の周りにはあります。本人の持つ強み，成育歴，価値観，本人の望むゴール等，多角的かつ広域的にアセスメントをするために，巻末の参考資料に掲載する「16の視点に基づくアセスメントシート」（参考資料3，180頁）を繰り返し活用してみてください。

（永坂美晴）

◻ 本人を気にかける住民を通した本人理解と支援

　地域生活支援において，専門職は当事者だけをみるのではなく，普段から本人を気にかける地域住民を通して本人を理解したり，そうした住民と一緒に本人を支援したりすることもその役割となります。事例でいえば，花子さんを気遣う愛子さんのような住民とつながり，愛子さんとともに本人を支えるということです。

2 排除から包摂までの地域住民の揺れをみる

設問2

> □ 地域住民をみる視点
> 1 地域住民は排除から包摂の間で揺れている（変化する）ことを理解する
> 2 排除しようとする層の不安や怒りの背景・要因をみる
> 3 共感して受け止めようとする地域住民層をみる

□ 地域は排除から共感・受容まで揺れ動く──コンフリクトへの対応

　地域には，生活のしづらさを抱える住民に共感的な人ばかりがいるわけではありません。地域には「排除」と「包摂」の両方の顔があります。当事者に共感的な住民から本人を気にかける住民，無関心な住民，そして排除する住民がいて，その間を揺れ動いていると理解しましょう（図3-1）。

　当事者の暮らしを支えるうえで，当事者を排除，あるいは本心では排除したくないけれどやむなく排除側にまわる住民層に，専門職はどのようにアプローチすればいいのでしょうか。

　前提となる専門職の役割は，排除という人権侵害に対峙し，本人の権利を擁護することです。しかし，排除する住民を敵視したり，説得したりしても，本人が地域で孤立するだけです。「早く施設に入所してもらうべき」と言う住民の訴えが，何からきているのか，その背景や要因をみなければなりません。これはコンフリクトに対する専門職がもつべきアセスメント視点です。隣人は花子さんを気にかけ，ずっと心配していたのかもしれません。専門職は本人の気持ちに寄り添うだけでなく，住民がもつ不安や怒り，戸惑いを観察し，理解して受け止めたうえで対応します。

　また，地域住民の人権への理解や偏見も多様です。高齢者の問題には理解があっても，障害者への理解は低いかもしれません。要介護高齢者と障害児が同居する家庭でも近隣の対応はそれぞれに違うかもしれません。

□ 地域の意思決定に影響を与える地域リーダーとの協働や支援

　もうひとつの専門職の役割は，本人を気にかけていたり，共感して受け止めようとする地域住民を把握し，その層を支えることです（図3-2）。とくに，影響力のある地域のリーダーが，福祉的課題を正しく理解するように働きかけます。そしてそのリーダーの考えをメンバーが共感や支持できるようにリーダーを支えます。これは一朝一夕にできることではありません。しかし，目の前の当事者だけでなく，同じような課題を抱える人々が暮らしやすい地域にしていくた

図3-1　住民の地域生活課題への関心と揺れ

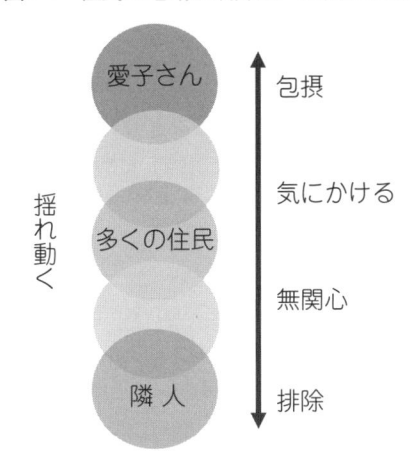

出所：藤井博志作成。

図3-2　地域リーダーを通した当事者支援

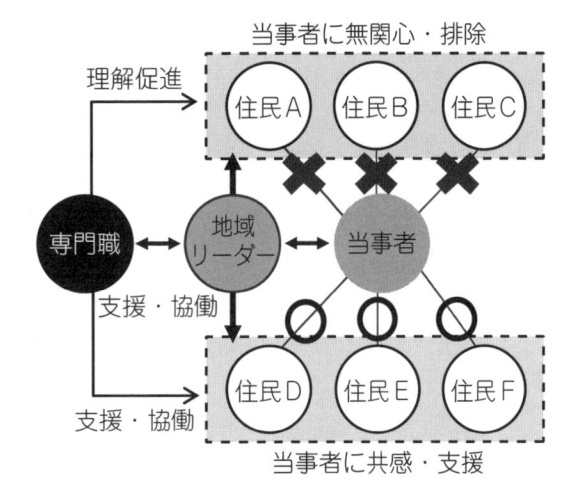

出所：藤井博志作成。

めには，こうした働きかけが不可欠です。

　逆に地域リーダー層が排除側に立つと，結果的に無関心層も引きずられ，排除の決定に加わることになります。

☐ 地域生活課題から逃げない。住民と共に悩む

　排除から包摂にいたるいずれの住民層へのアプローチにおいても，専門職が地域との協働を進めるうえでもっとも大切な基本姿勢は，地域の課題から逃げないことです。そこに居住する地域住民は，転居しない限りその課題から逃げられないからです。この姿勢が住民の信頼と安心を通した共感・受容への変化につながります。

　そして，専門職がすべてを引き受けるのではなく，住民を信じて共に悩む姿勢を示すことです。もちろん，これは専門職個人の対応だけではなく，所属組織を含めた組織的な対応となります。

コラム2 🏠 地域住民の"揺れ"を理解するということ

「もう無理！ 施設に入れて」

　地域のある住民から絞り出された声です。寒い日の早朝，背中を出して腰を曲げながら裸足でゴミ捨てに行くAさんの姿を近所の人は見ていました。連絡を受け，訪問した民生委員・児童委員が，Aさんの焼け焦げたズボンとやけどの跡をみて，私に電話をしてきたときに発したのが，冒頭の言葉です。

　この時の「施設に入れて」という言葉は，私には排除だと思えませんでした。Aさんはプライドが高く，家族も，周囲も，自分の老いも，受け入れないまま一人暮らしを続けていました。しかし，周囲はAさんを見捨てていませんでした。窓が開いているか，夜は電気が消えるかを毎日確認し，食事を届け，見守りを続けてきました。

　しかし，この地域は細い路地の一角。もしも，火が出れば消防車が入れません。民生委員・児童委員や自治会長等の地域のリーダーは，他の住民を守るためにも言いにくいことを言い出す役割を担うこともあるのです。

　地域では，昔から知っている近所の人を受け入れ，許し，我慢をしながら，気にかけ続けます。本当は自分の生活を守るためにも「施設に入って」と言いたい。でも，ある人は言いました。「私たちは，ずっとここに住まなければいけない。だから，言いたいことも言わない」と。

　専門職は，そうした地域での関係性や慣習，流儀，人々が過ごしてきた歴史をみなければならないと思うのです。そして，専門職として住民に求めすぎないことです。地域住民は，何か起きても揺れながら受け止め，理解し，工夫しながら生活していることを私たちは，認めなければならないのではないでしょうか。

（永坂美晴）

地域住民と一緒に当事者を支える視点と方法

先ほどの事例の続きです。下記の事例を読み，設問を考えてみましょう。

事 例

　花子さんは認知症の診断を受けました。医師は，「一人暮らしは難しい。どこか施設を探しなさい」と言います。花子さんは「どうして私が施設に!?　私はここで暮らせる！」と言い張ります。愛子さんは，「花子さん，ここで頑張って暮らしてきたものねぇ。なんとかこのまま暮らせる方法はないかしら？」とつぶやきます。この言葉を聞いた地域包括支援センターの長谷川ワーカーは，医師の判断と近隣住民の施設を望む声，そして愛子さんの「花子さん，優しいところは何も変わってない。ここでもう少し花子さんが暮らしたいようにみてあげられないかしら」という声の間で，判断に悩みました。

　この直後から，愛子さんは一人で花子さんのゴミ出しをしはじめました。この姿をみた長谷川ワーカーは，花子さん，行政，自治会長，民生委員・児童委員，そして愛子さんとボランティアグループのメンバーに「地域ケア会議」を呼びかけました。花子さんは会議に出席しませんでしたが，医師をはじめ関係者が集まりました。会議の場で愛子さんは，難渋する自治会長の勇太郎さんに対して花子さんの暮らしぶりを語り，「地域で見守りをしましょうよ！」と話します。長谷川ワーカーも愛子さんを支持します。近隣住民には，長谷川ワーカーと愛子さんが一緒に訪問し，専門機関が花子さんを支援しており，火災警報器などのサービスも利用すると説明することになりました。会議を受け，花子さん宅を自治会長やボランティア，民生委員・児童委員，行政，専門職で片づけました。片づけは悪臭と暑さで大変な作業でした。でも，この共同作業でみんなの気持ちが一つになったのを長谷川ワーカーは感じました。

　その後，介護保険の要介護認定の判定が出た花子さんに対し，デイサービスやショートステイを定期的に利用するよう，愛子さんと長谷川ワーカー，ケアマネジャーと施設職員は根気強く連携しました。愛子さんたちボランティアグループ「ひまわり」のメンバーと，自治会長は2年間，花子さんの見守りや声かけを続けました。

　町の中を毎日歩き回る花子さんに「徘徊」とは言わず，「散歩」と言いかえました。「散歩にお出かけですか？」と声をかけると「あんたも毎日たいへんねぇ」と真っ黒に日焼けした花子さんは相手をねぎらうのでした。

　数年後，花子さんは，デイサービスやショートステイの定期利用で，顔なじみができた特別養護老人ホームに入所しました。施設職員によると花子さんは穏やかな生活を送っているといいます。入所後も，愛子さんたち「ひまわり」のメンバーは時々，花子さんを家に連れて帰ってきます。ひかるくんと会うと，満面の笑みを浮かべて「大きくなったなぁ」と声をかける花子さんの姿に，愛子さんたちは驚きます。

設問1

この事例で，愛子さんと長谷川ワーカーのそれぞれが果たした役割を考えてみましょう。

・愛子さん	・長谷川ワーカー

設問2

医師の勧めどおり最初の時点で入所していたとすれば，この事例での入所と何が違っていたでしょうか。花子さんと地域の状態をそれぞれ考えてみましょう。

	医師の勧めどおり最初に入所した場合	事例どおり数年後の入所の場合
花子さん		
地　域		

設問3

花子さんにこのような支援ができたのは，この地域・自治体にどのような条件があったからでしょうか。

 ## 本人を支える住民を支える

設問1

□ 地域とともに本人を支える──愛子さんと長谷川ワーカーの果たした役割
〔住民である愛子さんの役割〕
1　花子さん本人の意思の代弁（アドボケイト）
2　花子さんにとってのなじみの関係を切らないかかわり
〔専門職である長谷川ワーカーの役割〕
3　愛子さんへの支援・協働を通した花子さんへの支援
4　専門職や行政等，関係者・機関を少しずつ無理なくつなげることによる支援（ソーシャルサポートネットワーク）

本人の願いを引き出す・代弁する

　この事例で愛子さんが果たした最も重要な役割は，花子さんの意思を尊重し，代弁したことです。愛子さんは花子さんのことを心から心配し，花子さんの立場で考えて周囲に働きかけました。これは，社会福祉におけるアドボカシー機能です。長谷川ワーカーと花子さんとの信頼関係が構築できていない段階で，花子さんの願いを代弁し権利を守ろうとしたのは，花子さんを昔から知る愛子さんでした。長谷川ワーカーは，花子さんと愛子さんの関係性をみた上で，愛子さんを支持することで花子さんの意思に沿った支援をおこないました。

　愛子さんが果たしたもうひとつの役割は，花子さんにとってなじみのある関係を断ち切ることなく，つなぎとめたことです。事例では，ボランティアグループ，自治会長と一緒に2年間の見守りを続け，花子さんが施設に移ってからも地域との関係をつなぐ役割を果たしました。

地域リーダーを支えながら協働する

　専門職である長谷川ワーカーは，花子さんに寄り添う愛子さんを支えることで，花子さんを支援しました。事例では，医師の判断と花子さんをみてきた愛子さんの判断の間で揺れる中，長谷川ワーカーは花子さんの意思をくみ取る愛子さんを支持しました。

　本人を直接支援するだけでなく，本人を支える家族や地域住民を支えたり，協働したりすることを通して本人を取り巻く環境に働きかけることも専門職の役割です。

◯ 協議・協働の場の運営とソーシャルサポートネットワーク

　長谷川ワーカーは，花子さんのつながりや暮らしの流れを壊さないように少しずつサービス利用につなげました。また，地域と施設の両方で，花子さんが周囲と関係をつくり，安心して暮らせるよう支え続けました。この意味で，長谷川ワーカーの支援は入所支援ではなく，「住み替え（引越し）支援」といえます。このように地域生活支援は当事者にあった個別の特別な支援をしながらも，当事者本人の生活上の「当たり前」の質の生活行為を実現する支援です。それが「入所支援」ではなく「住み替え（引越し）支援」という意味です。

　この事例は，花子さんを気にかける住民を支えつつ，医師や行政，ケアマネジャー，施設職員などとの専門職をつなぎ，地域の関係性の中で本人を支える「ソーシャルサポートネットワーク」の実践事例です。このネットワークをつくる連携の場・仕組みが，事例では「地域ケア会議」でした。専門職は，地域ケア会議や地域の見守り会議などの場の運営・支援を通して，ソーシャルサポートネットワークづくりを働きかけました。

 花子さんを支えた経験が
地域の福祉力として蓄積される

設問2

> □ 経験から育まれた福祉的な地域力
> 1　地域で支えた経験から当事者の暮らしのイメージを豊かにする
> 2　専門職の役割を住民が理解する

□ 地域で支えるイメージが豊かになる

この地域で支えた経験は，次のような地域の福祉力として蓄積されます。

①　生活の継続性がつくる本人らしい暮らしのイメージが共有される

事例では，花子さんが持っていた周囲との関係をつなぎ，生活の継続性を保つことで，花子さんの穏やかで落ち着いた暮らしが実現できました。しかし，もし最初の段階で施設に入所していたら，花子さんはどうなっていたでしょうか。これまでの関係が切れて，環境が大きく変わったことへの不安と混乱があったかもしれません。

花子さんの生きてきた姿を共有し，受け止めた体験が地域を変えます。"私たちの地域はここまで支えられる"という自信が芽生えるのです。このように，地域住民は花子さんの暮らし方を見て，当事者の地域での暮らし方について豊かなイメージがもてるようになりました。

②　専門職との連携のあり方を学ぶ

もし事例の最初の段階で花子さんが施設に入所していたら，地域はどうなっていたでしょうか。ほっとする人もいたでしょう。しかし，自分が認知症になったときのことを考えて不安な気持ちにもなる人もいるかもしれません。また，一人暮らしの認知症の住民が出てきたら，すぐ「専門職につないで施設へ」という風潮になるのではないでしょうか。

実際にこの事例のモデルとなった地域で，花子さんへのかかわりを通して一番自信をつけたのは愛子さんとボランティアグループでした。そして，一番変化したのは自治会長でした。地域には，積極的に認知症を学び，進行した症状の認知症の人も受け入れ，見守る余裕が生まれました。また，住民は専門職の役割を理解し，何か気になることがあれば，専門職に連絡を入れるようになりました。

一方，専門職も地域の無限の力を痛感し，住民と一緒に動くことが業務の基本スタイルとなりました。

☐ 地域共生社会をつくる 2 つのアプローチ

　花子さんを支えた体験を生かした地域づくりのために，この先どのようなアプローチが必要でしょうか。大きくは地域福祉の実践として孤立・排除された人が地域とつがる地域生活支援のアプローチと，孤立・排除しない地域づくりの両方のアプローチ（**図3-3**）が必要です。それは地域生活支援から地域に埋もれる課題の早期発見や当事者の社会参加の仕組みをつくる一方，地域づくりを通して健康づくりや地域生活課題への予防的活動を進めるといった双方向で相乗的な関係です。

　この交わりの領域が地域共生社会といえます。

　職種によって軸足をどこに置くかのちがいはあるものの，専門職は双方のアプローチの全体像を理解したうえで，各自の立ち位置を確認し，他の専門職種と連携協働することが大切です。

図3-3　地域共生社会をつくる 2 つのアプローチ

地域生活支援のアプローチ　　　　　地域づくりのアプローチ
（孤立・排除から地域とつながる）　（孤立・排除しない地域づくり）
（当事者主体）　　　　　　　　　　（住民主体）

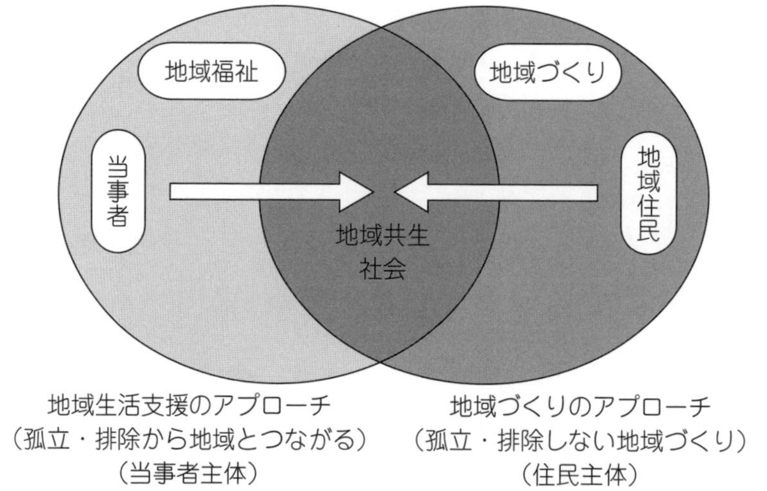

出所：藤井博志作成。

 # 地域・自治体に必要な4つの条件

設問3

> □ 地域生活を支える土台となる地域・自治体の条件
> 1　当事者の生活のしづらさへの理解と共感のある地域──花子さんと愛子さんの存在
> 2　支え合い活動の組織化（活動主体づくり）──ボランティアグループの存在
> 3　地域福祉のネットワーク・地域ケアシステム──地域ケア会議の存在
> 4　地域福祉の計画化

当事者の生活のしづらさへの理解と共感のある地域

①　当事者は福祉的な地域づくりの主体

事例の中で，愛子さんとともに忘れてはならないのは花子さんの存在です。これまでのような生活が困難になった花子さんがいたからこそ，地域は変わりました。事例のような支え方ができるのは，当事者の生活のしづらさへの理解と共感のある地域です。しかし，理解と共感のある地域は，一人の当事者，また当事者と住民とのかかわりからつくられるという理解が必要です。

地域福祉では，当事者を要援護者とみなすのではなく，地域を福祉的に変革していく中心的な主体者としてとらえます。

②　地域は育つ──地域の住民リーダーと出会い協働する

「うちの地域には愛子さんのような住民は探してもいないから無理だ」と思われる人もいるかもしれません。しかし，地域の福祉水準を高めるのは住民だけでなく，専門職の責務でもあります。

地域には地域づくりのリーダーや地域を動かす力をもつ住民がいます。それは必ずしも地縁組織の代表とは限りません。地域のことをよく知る住民や世話役的な存在の住民も，地域の暮らしの課題を把握し，積極的に行動する人かもしれません。まずは，地域に関心を寄せ，住民と出会うところからはじめましょう。地域住民と専門職が相互に学び，協働する経験を重ねることから福祉的な地域が育ちます。

支え合い活動の組織化（活動主体づくり）

この事例では地域に花子さんが立ち上げたボランティアグループがありました。こうしたグループがない地域もあります。「グループが組織されていないから動きがとれない」ではなく，すでに自発的に何らかの活動をしている住民や同じような悩みを抱える当事者・家族たちに働きかけて集まり，相談をしながらグループを育てていくことも専門職の役割となります。他の専門職，また

社会福祉協議会の地域・ボランティア担当職員と相談し，協力して進めましょう。

☐ 地域福祉のネットワーク・地域ケアシステム

地域福祉のネットワークや地域ケアシステムは，特に自治体がつくる地域福祉の基盤整備として重要です（第10章参照）。

事例では，花子さんの希望を支えるために，住民が参加したケース検討をおこないました。地域ケア会議などの協議・協働の場を，自治体の地域福祉のネットワークや地域ケアシステムとして位置づけることは，ニーズ解決に欠かせません。また，地域生活を支える各種サービスの整備と専門職の配置も必要不可欠です。

☐ 地域福祉の計画化

本事例では登場しませんが，上記の要素を総合的に関連させながら進めるためには，そのための計画策定と進行管理が有効です。このような計画を地域福祉計画と呼びます。また，それに基づいた自治体の政策運営を地域福祉のアドミストレーションと呼びます（第12章参照）。

■ 第 4 章 ■

その人らしい
暮らしを支える

本章で学ぶこと ───────────────

□ 地域づくりの 2 つのアプローチを理解する

□ ニーズの潜在化の要因を理解する

□ 「ひとりの課題」を「みんなの課題」へ展開する過程を理解する

地域で暮らしていくための基盤づくり

　地域生活課題を個人にとどめず，地域の課題にするためには，どのような取り組みが必要となるのでしょうか。**演習3**（22頁）で花子さんが帽子を届けた，ひかるくん親子の物語から考えてみましょう。

事　例

　障害者相談支援事業所の相談支援専門員の足立さんに，ともこさんから相談が入りました。ともこさんの息子のひかるくんのことでした。6歳になったひかるくんは，保育所の年長児で，ADHD[(1)]と診断されています。クラス内に友達はおらず，先生は毎日，ひかるくんが走り回るのを追いかけては制止している状態です。

　ひかるくんに手がかかるので，お母さんはフルタイムの職に就くことができず，スーパーでパートをしています。子育てのしにくさに悩んでいますが，「きちんとしつけなきゃ」と言われることもあり，周囲に相談することはなくなっています。母子家庭になってからは，友人とも疎遠になりました。保育所から呼び出されることが多く，「またなの？」とパート仲間からは嫌味を言われることがあります。

　自宅の敷地内にともこさんの実母が住んでいますが，転倒して介護が必要となり，ともこさんは介護問題にも悩んでいます。

ともこさんの相談

　うちの子はとても優しくて，いい子です。みんなと同じことをするのが苦手なだけで，信頼できる大人の言うことはちゃんと聞けるし，近所の花子さんにも可愛がってもらっています。

　でも，保育所の先生にこう言われます。「着替えは，前後ろが逆。指摘しても直らない。歯磨きは歯をぬらすだけ。ご飯中はよそ見ばかりし，こぼす量が多い。こぼしたご飯を拾って食べたり足で踏んだりするので，拭こうとすると『先生なんかキライ』と言って，注意してもなおりません。運動会の練習で体操をしても，お友達の帽子をひっぱったり走り回ったりします」と。でも，家ではとても良い子なのです。

　先日，保育所の先生に，小学校は特別支援学校の方がひかるくんにとって良いのではないか，と言われました。私は，小学校は特別支援学校ではなく，みんなと一緒の学校に行かせてやりたいのです。確かに，スーパーで走り回って，注意されたりすることもあります。遊びに行ったら帰って来られなくなって近所の愛子さんと帰ってきたこともあります。

　ひかるは特別支援学校に行かなければいけないのでしょうか。お友達と一緒に小学校に行ったらダメなのでしょうか？

相談員のつぶやき

　数か月後，相談支援専門員の足立さんのもとに，ひかるくん親子と同じように子どもの発達と育児，保育所卒園後の進路に悩む親からの相談が入りました。保育所の先生も悩んでいることがみえてきました。聞けば，毎年同じような相談が他の事業所にも入ってきているそうです。

　これって，ひかるくん親子だけの問題ではないのでは……

(1)　注意欠如・多動性障害（ADHD）とは，発達年齢に見合わない多動-衝動性，あるいは不注意，またはその両方の症状が，7歳までに現れます。学童期の子どもには3〜7％存在し，男性は女性より数倍多いと報告されています。男性の有病率は青年期には低くなりますが，女性の有病率は年齢を重ねても変化しないと報告されています（国立障害者リハビリテーションセンター発達障害情報・支援センターホームページ（http://www.rehab.go.jp/ddis/））。

☐ **設問1**

　どんな地域だったら，ともこさん世帯はいきいきと暮らすことができるでしょうか。みんなが幸せに暮らせる地域像を考えてみましょう。

☐ **設問2**

　ともこさん世帯のように，地域から孤立しがちで課題を抱え込む人は少なくありません。こうした「社会的な孤立」はどうして起こるのでしょうか。その要因を考えてみましょう。

☐ **設問3**

　設問1で考えた地域像に近づくためには，何が必要でしょうか。ともこさん世帯を念頭に，地域の中でできることを考えてみましょう。専門職にできること，ともこさんたち当事者ができること，住民ができること，専門職・当事者・地域住民が協働でできることに整理してみましょう。

 # 地域づくりはビジョンから

設問1

> □ **地域づくりの2つのアプローチ**
> 1 課題解決型アプローチ：専門職中心
> 2 ビジョン型アプローチ：地域住民中心

　地域づくりには，大きく分けて，課題解決型アプローチとビジョンづくり型アプローチの2つがあります。この2つのアプローチは検討する人や場によって使い分けします。概ね，課題解決型アプローチは専門職や組織力をもった団体が得意とし，ビジョンづくり型アプローチは地域住民が地域づくりを検討する場合に有効です（**図4-1**）。

□ 課題解決型アプローチ——地域生活課題の計画づくり

　課題解決型アプローチとは，地域課題化（現状，要因，課題の抽出）から地域生活課題を解決するための計画をつくる方法です。

［課題解決型アプローチの例］
① 集落の路線バス廃止や，集合住宅での頻発する孤立死の問題など，地域住民が深刻な生活課題に直面し，危機感を抱いている場合
② NPO法人や事業者，専門職など，問題解決力のある組織が地域課題について協議する場合

　このアプローチは，専門職や組織力のある団体に適しているアプローチです。地域生活課題の現状，要因，課題，対策を分析し，解決のため対策の計画づくりを検討するアプローチです。

　ここで最も重要な点は，地域生活課題（現状）の明確化とその要因分析です。計画づくりの全体作業の8割は要因分析にあるといっても過言ではありません。

　ただし，参加メンバー間にメンバーシップや当事者，住民の参加が欠如すると計画の実行性が低くなる場合があります。組織間の連絡調整や啓発イベントなどの共同事業化までは有効ですが，資源開発の協働事業化には困難な場合が多いようです。

□ ビジョンづくり型アプローチ——地域活動の計画づくり

　ビジョンづくり型アプローチとは理想の地域の姿を共有した上で，地域でできていることを再評価（シーズの発見）し，その理想に近づくために，「今，して

図4-1　地域づくりの２つのアプローチ

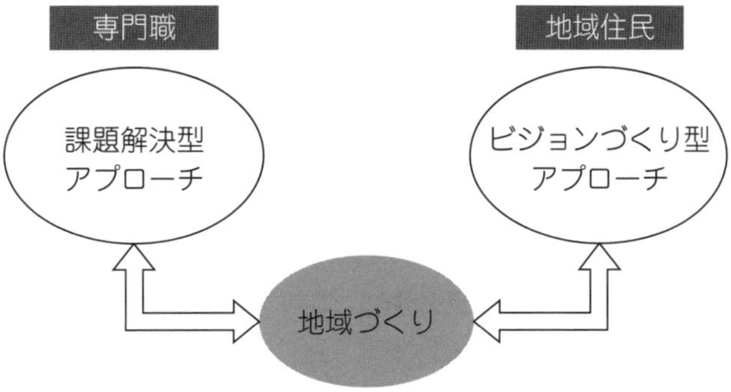

出所：藤井博志作成。

いること・できていることの延長で考えられること」「理想から逆算して今できること」を話し合います。その上で，ビジョンに近づくための活動課題を明らかにします。

> ［ビジョンづくり型アプローチの例］
> ①　地域組織や地域住民が活動課題について話し合う場合
> ②　住民による地区計画づくりを始める場合

　このアプローチは特定の問題を解決する社会資源を有しない地域組織や地域住民が，地区計画の策定などを行う場合に効果的なアプローチです。専門職の主導で住民が課題抽出から始めた場合，その担い手の問題が協議されず，結果として，地域生活課題に対する住民の専門職や行政への丸投げになり，実行に結びつかない場合が多くあります。また，住民が抱える地域生活課題は，「暮らしの困りごと」として多様な領域にまたがった課題として抽出されます。したがって，特定の課題に対応する専門機関や行政の各部署では対応できない場合が多くあります。

　ビジョンづくり型のアプローチは，住民の日常の営みにある力を再発見し，自分たちの暮らしをよくする方向に向かう活動課題を協議する方法です。住民による地域づくりは，このような住民の願いと潜在力，意欲を引き出すストレングス，エンパワメントアプローチの方法が有効です。

☐ 専門職にも問われるビジョン

　事例をみてみましょう。ともこさん世帯は，発達障害のある子どもの療育・学校教育の問題，介護問題，母子家庭による育児問題など様々な複合的な問題を抱えています。専門職としては，こうした問題点に着目しがちですが，それだけでなく，ともこさんたちが幸せに暮らすためにどのような地域が理想的なのか，「地域づくりの構想」，「地域の未来像」を考えることが大切です。

その時に，専門職として基盤となる考え方は地域共生社会の実現です。どんな人も排除されることなく地域とつながり，心豊かに暮らしていけるような地域がどのような地域なのかを考え，夢のあるビジョンを住民と一緒に考えましょう。

> 地域住民と語る「どんな地域で暮らしたい⁉」例示
> ・歳をとっても，認知症になっても最期まで家にいることができる地域
> ・子どもたちが元気で明るく育つ地域
> ・困ったときは助け合える地域
> ・みんなが住みやすい地域
> ・出て行った人も，自分の故郷として誇れる地域

 **孤立しがちな人のニーズの理解── 4つの要因**

設問2

> □ ニーズが潜在化する4つの要因
> 1　地域社会の偏見
> 2　セルフネグレクト
> 3　自己のニーズの認識不足や欠如
> 4　アクセシビリティ（接近性）の低さや社会資源の不足

　ともこさんは相談支援事業所に相談するまで，自身の悩みを抱え込んでいました。ともこさんのように相談機関につながらず，地域社会から孤立しがちな人のニーズは埋もれてしまいます。ニーズが潜在化する背景には何があるのでしょうか。

□ 地域社会の偏見

　ニーズの潜在化の1つ目の要因は，本人の生きづらさに対する周囲の無理解や差別・偏見です。たとえば，子育てのしづらさは，親のしつけの問題とされ，理解が得られにくい場合があります。福祉学習・教育や小地域福祉活動などを通して障害特性の正しい理解が地域社会に浸透するとともに，ともこさんに相談できる仲間がいれば，悩みが軽減されていたかもしれません。課題を抱える人同士の相互援助グループをセルフヘルプグループといいます。これについては，第5章で学びます。

□ セルフネグレクト

　2つ目の要因は，本人が社会資源とつながることや支援を拒否するセルフネグレクトです。疾病や失業，身近な人を亡くすなどのきっかけに加え，周囲への気兼ね，他人に今の状態を見られたくないという気持ちが働き，追い込まれていくことがセルフネグレクトの背景にあります。この事例ではそこまで至っていませんが，ともこさんがSOSを出せないまま，人生をあきらめてしまうなら，やがてセルフネグレクトに陥ることも考えられます。

□ 自己のニーズの認識不足や欠如

　3つ目の要因は，認識能力の低下や欠如によって支援の必要性を本人が感じていないことが考えられます。認知症や精神疾患等の疾病によって，本人が支援の必要性を感じていない場合がこれに該当します。セルフネグレクト同様に，

本人に寄り添った見守りと家族支援を含めた周囲へのていねいなかかわりと支援が必要ですが，一方で地域の理解や見守りの仕組みづくりも重要となります。

☐ アクセシビリティ（接近性）の低さや社会資源の不足

　4つ目の要因は，利用できるサービスなどの社会資源がない，もしくはあっても知られていなかったり，利用料が支払えなかったりといった様々な理由により，本人と社会資源がつながらないことです。これが，社会資源へのアクセシビリティ（接近性）の問題です。事例からは判断できませんが，介護や育児をサポートする制度・サービスの情報が，ともこさんに届いていないのかもしれません。この場合も，福祉学習や気軽に相談できる仲間づくりとともに，適切な情報提供や必要な社会資源の開発といったアクセシビリティを高める全体的な取り組みが必要です。

「ひとりの課題」を「みんなの課題」へ
──2つの過程を生み出す

設問3

> □ 「地域生活課題の共有過程」と「課題解決への協働過程」をつくる
> 1　地域生活課題の共有過程＝私たちの課題だと実感する過程
> 2　課題解決への協働過程＝地域の活動組織が専門職や行政等と協働し解決に動く過程

　ありたい地域像（ビジョン・夢）を住民と語り，そこから課題の解決に向けた下地をつくります。それが課題の共有です。事例のような場合に地域で必要なこと，できることの例示は次節で解説します。

◯ 課題の個別化と普遍化
　ともこさん世帯の抱える課題を個別的に解決するだけでなく，みんなの課題にすることが，地域福祉実践の核となる展開方法です。
　働きながらシングルで子育てをする父子・母子家庭，特別支援学校と自宅の往復で地域のつながりが弱い子ども，生活が困窮している人など，ひかるくん親子の課題解決が，ほかの多くの人の課題を解決することにもなるという視点をもつことが，地域福祉を実践する専門職のもつ視点です。
　住民が「ひとりの課題」を「みんなの課題」だと考え，解決に向けて協同できる地域づくりを進めることを住民の主体形成といい，それを支援する技術をコミュニティワークといいます。
　これは，当事者の抱える課題の個別性や一人ひとりの権利をないがしろにするということでは決してありません。むしろ，地域の活動や意思決定など様々な場面への当事者の参加を通して，自身の能力・役割を認識したり引き出したりすることをめざすものです。また，地域も当事者の参加によって，偏見・差別を含めた当事者にとっての社会的障壁に気づき，それを変革することをめざします。これが当事者・地域住民の相互エンパワメントの過程です。

◯ 共有と協同・協働のプロセスが地域づくりの要
　「ひとりの課題」を「みんなの課題」にするためには，2つの過程が必要です。1つ目は，発見された地域生活課題をできるだけ幅広い地域住民で共有する過程です。私たちの課題だと実感しなければ地域は主体的に動きません。課題を共有する方法として，たとえば同じような悩みをもつ当事者同士を横につなぐ場への支援があります。事例でいえば，子育てママの会や発達障害のある子の

親の会などのセルフヘルプグループ活動，子どもの育児に関する学習会の開催などが考えられます。また，地域のグループと一緒に孤立しがちな親子の課題を話し合ったり，学習したり，子育て支援に関係するボランティア同士の話し合いから共通課題を見出すといったことも考えられます。あらゆる機会で課題への気づきと実感が生まれます。この過程に時間をかけることが大切です。この共有の過程なくして次の展開は生まれません。

　２つ目が，共有された課題を協同と協働で解決する過程です。地域生活課題の共有過程から解決に向けたアクションが生まれ，それがさらに課題共有の輪を広げます。この２つの過程を生み出す方法は，第６章以降で学びましょう。

 # めざす地域像に近づくために必要なこと・できることのポイントと例示

設問3

> ☐ **当事者の地域生活支援で専門職がおさえておくポイント**
> 1　当事者（ともこさん）の意思決定支援と世帯への支援
> 2　ともこさん世帯と地域のつながりづくりの支援
> 3　ともこさん世帯の課題を「みんなの課題」とする地域や関係者への働きかけ

　当事者であるともこさんを中心に，ともこさんの世帯を支援することは言うまでもありませんが，それに加えてともこさんが孤立せずにつながりの中で暮らしていけることを支えていきます。また，ともこさんの世帯が抱える課題の個別的な支援にとどまらず，その課題を地域の中で共有する過程を経て，「みんなの課題」へと認識されるための働きかけを行います。

☐ **このポイントにもとづく働きかけの例示**

　① **専門職ができることの例**

- 保育所・児童発達支援事業所等でサービス担当者会議を開催し，ひかるくん親子の意向と状況を共有するとともに，支援方針を定める
- 祖母の介護問題は地域包括支援センターにつなぎ，必要なサービス利用を支援する
- 民生委員・児童委員等にひかるくんの良いところ・ともこさんの様子を伝え，相談する　など

　② **当事者ができることの例**

- 信頼できる専門職や地域住民等に相談して抱え込まない
- 仲間をつくる
- 誰かを頼って元気になる　など

　③ **地域住民ができることの例**

- 困っている家庭があることを知る（無関心にならない）
- 何に困っているかを知ろうとする（理解する）
- 地域の集まりや交流の機会に，誰もが参加できる工夫をする　など

　④ **当事者・住民・専門職の協働実践の例**

- ともこさん世帯を気にかける住民と専門職がつながり，ともこさん世帯を地域のつながりの中で見守ることを話し合う
- ひかるくんと地域のお友達の交流・遊び場づくり

- 祖母の生活支援と生きがい活動づくり
- 発達障害や育児についての学習会の開催　など

コラム3 🏠　地域社会で孤立する人と専門職

　地域で暮らす高齢者世帯の多くは，介護や支援が必要な状態にあります。また，若い世代を中心に社会参加できない「ひきこもり」が増えています。さらには，いじめが原因の自殺や虐待を受ける子どもが多く存在します。多くの人々が誰にもSOSを発信できずに苦しんでいます。

　このように地域社会から孤立する人々は，なぜ，誰にも相談できないのでしょう。日本の社会は貧富の格差の拡大・世帯の単身化が進んでいます。世帯構造の変化等にともない，家族機能の低下・地域のつながりの希薄化が進み社会的孤立が広がっているといえます。加えて，日本人は世間体を気にし「我慢は美徳」とし，誰にも相談せず抱え込む傾向にあります。そして，「誰にも迷惑をかけたくない」と思い孤立を深めていくことがあります。

　専門職には，社会の構造的問題を理解し，社会から孤立する人の存在をキャッチし，制度の狭間の問題を認識したうえで，地域生活課題を解決していく実践が求められています。　　（小椋智子）

コラム4 🏠　児童福祉分野からみえる地域支援

　児童福祉分野における地域支援は，地域のニーズに応えてネットワークをつくるというよりも，イベント開催や園庭開放といった活動提供で終わってしまうことが多々あります。一方，相談現場では，虐待や貧困など，地域から孤立している家庭への支援が多く，地域そのものへのかかわりは進んでいないのが実情です。子ども・子育て家庭にかかわる専門職は多いのですが，多くの専門職と地域をつないだりサポートしたりするソーシャルワーカーがほとんどいないことも課題です。

　これからは，専門職として地域支援の本質を理解し，様々な子どもや家庭が地域の一員として当たり前のように暮らし，支え合うような地域の力を育てることが求められます。これは難しいことのように思えるかもしれません。しかし，まずは施設・事業所の周辺地域の住民や様々な資源を知ること，そしてつながることからはじめてはどうでしょうか。

　ある保育士は，園の周辺地域を歩いて，住民の高齢化という課題とともに，花壇がとてもきれいに整備されていることを発見しました。そこでその保育士は，園児と高齢者が花を一緒に栽培し，地域で販売するという地域と保育園の協働プランを企画しました。子どもと地域住民の日常的な交流を描き，一歩を踏み出していくこと。そして，分野を超え，それぞれの守備範囲を一歩広げて地域づくりを行っていくことを願っています。　　（久山啓）

第5章

当事者・地域住民・専門職が一緒につくる地域福祉とその醍醐味

本章で学ぶこと ──────────────────────

□ セルフヘルプグループを理解する

□ 小地域福祉活動を理解する

□ セルフヘルプグループや小地域福祉活動にかかわる専門職のスタンスを
　理解する

当事者・住民主体の活動から学ぼう

　「ひとりの課題」を「みんなの課題」だと考え，解決できる地域づくりは，専門職や行政だけで進められるものではありません。当事者・地域住民と協働し，ともに進めることが欠かせません。当事者・地域住民に地域福祉活動の実際をインタビューし，協働のイメージを深めましょう。

☐ 設問1
　セルフヘルプグループの世話人や地域福祉活動者にインタビューし，その人たちの思いや悩み，専門職がそれらの活動にかかわる際の姿勢について考えてみましょう。

① セルフヘルプとコミュニティ
——当事者・住民による組織的活動

◯ 「私（自分自身）」と「私たち（自分たち自身）」

　セルフヘルプという言葉は，元は英語（self-help）ですが，日本語に訳せば「自助」を意味します。「自分自身を助ける」ということです。この「自助」という行為を，ひとりぼっちでではなく，仲間とともに行っているのが，セルフヘルプグループの活動です。そのため，海外ではセルフヘルプグループは，相互援助（mutual-aid）グループといわれることもあります。一人ひとりが困難と向き合う。でもひとりきりではない。お互いに支え合うことで，自分自身を支える活動といえるかもしれません。それはお互いを支え合い，認め合う「共同体としてのコミュニティ」を自分たちでつくる活動ともいえます。共同体としてのコミュニティ活動としては，セルフヘルプグループのように，参加者に共通する特定の関心があり組織化されている「アソシエーション型」と，小地域福祉活動のような地域での関係を基盤とした「地縁型」があります。

◯ 主体性と連帯性

　自分自身を支えるということは，自分にかかわることがらに責任をもつということも含まれるでしょう。しかしそれは，他者から強要されて果たす自己責任ではなく，自らが自らによって果たそうとする自発的で主体的なものです。また，それを仲間とともに行うことは，強制された集団的活動ではなく，対等な関係にもとづく連帯性（仲間意識やわかちあおうとする態度）がメンバー間にある活動といえます。

 ## 当事者の主体性を大切にする専門職のかかわり

☐ セルフヘルプグループ活動の意義・価値

セルフヘルプグループ活動の意義は，何でしょうか。

セルフヘルプグループには，メンバーが抱える主たる困難によるちがいだけでなく，活動の目的や志向性，運営方法などのちがいがあります。個々人が何に価値をおいているかによっても意義は異なるかもしれません。このため，セルフヘルプグループ活動の意義や価値をひとくくりにしてしまうことは避けたいですが，共通してみられることとして，仲間とのわかちあいを通じて自分自身をエンパワーしていくセルフ・エンパワメントのプロセスをあげることができます。そして，そのプロセスには，誰かから一方的にエンパワーされるのではなく，自分自身がこうありたい，こうしたいという主体性とわかちあい（連帯性）の力による相互エンパワメントがあります。

「プロセス」には，当然ですが一定の「継続性」が背後にあります。メンバー個々人が抱える困難に加え，グループを運営し継続することは決してたやすいことではないでしょうが，それを何とか継続しようとする思いや，そのための工夫からも，活動者にとっての意義や価値を学ぶことができます。

☐ セルフヘルプグループの多様性の認識と個別化の必要性

一人ひとりのサービス利用者やその家族などに対する個別な支援に携わる専門職は，本人たちのニーズに応じて，セルフヘルプグループにつなぐことがあります。たとえば，同じような状況にある人たちとつながりたい，話を聞きたいと，本人から直接ニーズが発せられることがあります。また孤立してしまっている人で，自分からは誰かとつながりたいと訴えられない人でも，専門職からの情報提供とつなげるサポートによって，そのニーズを声にされることもあるでしょう。

セルフヘルプグループは，そのグループメンバーが個々に，そしてお互いに積み重ねてきた経験から，いわゆる専門職がもつ専門的知識とは異なる経験的知識をもっています。また，誰かが一方的に支えたり支えられたりという関係性ではない，相互に支え合える対等な関係性が見出せます。そのようなセルフヘルプグループならではの良さや強みをわかっていることはとても重要なことです。それと同様に，セルフヘルプグループには実に多様なグループがあることを認識し，各々のグループを個別化してとらえる（同じものとしてレッテルを貼らない）ことも必要です。

　グループの中には，メンバーに限定した活動をしているものから，同じような困難な状況にあるメンバー外の人に対しても支援活動をしているものもあります。「自己変革から社会変革」という言葉をもちいれば，グループによってはメンバーの自己変革とメンバーによる社会変革のための活動までを幅広く志向しているものもあれば，より自己変革に，あるいは社会変革を志向しているものなどの違いがあります。メンバーの構成をみても，そのグループの目的や発展段階によっては，賛同者や協働者が加わっていることもあります。ただし，専門職による支援のためのグループワークやサポートグループなどとは異なり，専門職や専門機関等からは独立しているものがセルフヘルプグループと考えられています。実際は専門職や専門機関等との関係性についても，グループの発展のプロセスにおいては単純なものではない場合があります。

　専門職としてのあなたは，目の前の利用者やその家族のニーズはつかんでいるかもしれません。けれども，つなごうとする先のセルフヘルプグループやその活動者のニーズについてはどう考えていますか。活動者にとっての意義や活動を理解すると，活動者本人にとってだけでなく，本人も含めた地域社会におけるセルフヘルプグループ活動の意義や価値について，理解することにつながります。単に利用者の支援のために活用できる社会資源としてではなく，こうした主体的な活動そのものが，地域にとって必要なものであるという視点にたって，セルフヘルプグループの支援や情報提供・相談を行いましょう。また，それぞれのグループのニーズに応じてですが，他のグループや地域のその他のセルフヘルプ団体や人々とつながることを支援する場合もあります。

　専門職のあなたが，セルフヘルプグループやその活動についての情報を得たい場合は，インターネットを通じて，様々な情報を得ることもできますが，それ以外にも地域の社会福祉協議会に相談してみるという方法があります。また，主にセルフヘルプグループ活動に参加したい人やセルフヘルプグループの支援を行っている「特定非営利活動法人ひょうごセルフヘルプ支援センター」などのセルフヘルプグループの支援組織（セルフヘルプクリアリングハウス）も重要な社会資源です。

小地域福祉活動やボランティアグループの活動主体と専門職とのかかわり

　グループでの活動の意義・価値を認め，グループには多様性があることを理解したうえで，グループをそれぞれ独自のものとして個別化してかかわりをもつこと。これは，小地域福祉活動の主体である住民グループやボランティアグループなどとのかかわりにおいても専門職が大切にしたいことです。

コラム5 🏠 当事者という言葉について

　あなたは「当事者」という言葉をどのように使っていますか。

　「当事者」という言葉は，たとえば病気や障害のある人，何らかの生活上の困難を抱えており，福祉や医療等の支援を必要としている人や，そうした支援やサービスの利用者をさして用いられることが少なくありません。ただしこうした一面的な見方だけで「当事者」をとらえてしまってもよいでしょうか。

　「当事者」とは文字通り，「事に当たる者」です。では，その「事」とは何をさしているのでしょうか。「問題を抱えている事」なのでしょうか，「サービスを利用している事」なのでしょうか。何らかの生活上の困難を抱えている人も，地域の一員（地域住民）であり，生活者です。そしてセルフヘルプグループや小地域福祉活動などの活動者は，「対象者」としてではなく「主体者」として活動をすすめています。その認識に立って，何の「当事者」なのかについて，本人たちの考えや，取りくんでいる「事」，目指している「事」をよく理解したうえで，「当事者」という言葉を用いる必要があるのではないでしょうか。

　そして，その「事」が，自分たちのまちを誰もが安心して暮らし続けられるまちにしていくことであれば，実に多様な主体（「当事者」）がその中にはいることに気づきます。もちろん専門職のあなたもです。セルフヘルプグループの活動は，メンバーの自発性と主体性，メンバー間の対等性と連帯性を大切にしていますが，地域福祉を進めるという「事」において，そうしたセルフヘルプグループ活動が育んできたことから学ぶことは少なくありません。　　　　　　　　　　　（所めぐみ）

 **小地域福祉活動は福祉的な住民自治の活動**

☐ 小地域福祉活動とは

　小地域福祉活動とは，日常生活圏域において，住民の自発的な福祉活動を通して進められる福祉的な住民自治を目的とした住民主体のまちづくり活動です。

　この活動には，「①住民間のつながりを再構築する活動，②要援助者に対する具体的な援助を行う活動，③地域社会の福祉的機能を高める組織化活動（地区社協またはそれに代わる基礎組織づくり）」が含まれます（全社協（2009）『小地域福祉活動の活性化に関する調査研究』）。小地域福祉活動には住民だけでなく，専門職や行政も必要に応じて参加・協働します。

　小地域福祉活動というと，「ふれあいいきいきサロン」や「見守り」，「支え合い活動」などの具体的活動をみがちです。しかし，本当にみなければいけないのは，「知る（調査・ニーズを集約する）力」「学び合う力」「担い手をつくる（人材

図5-1　小地域福祉活動の枠組み

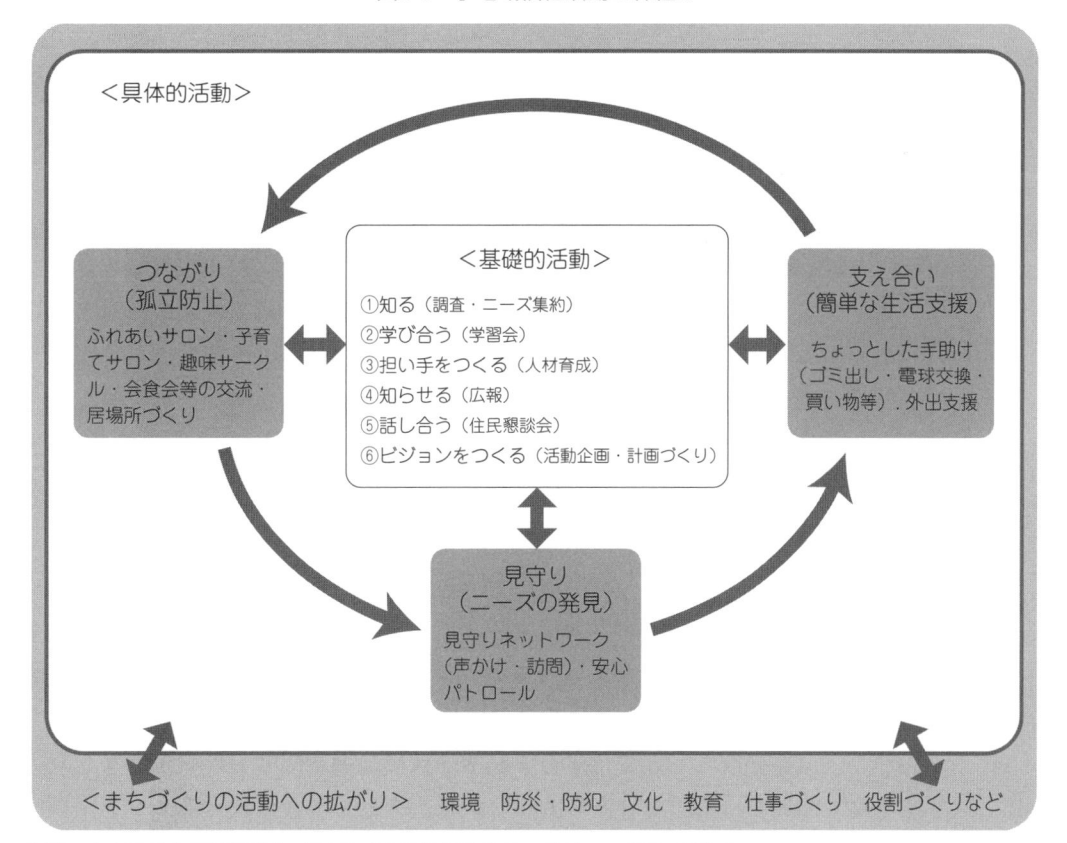

出所：奈良県社会福祉協議会（2012）『小地域福祉活動の発展への推進方策』3。

育成）力」「知らせる（広報）力」「話し合う力」「ビジョンをつくる力」などが地域にどれだけ備わっているかです。このような力を住民が蓄積することを住民の主体形成や地域の福祉力と呼びます。これらは４つの福祉力として説明できます。**図5-1**でいえば，中央の基礎的活動が「地域の福祉力」です。このような力を住民自身が高めるためには，その実践組織としての小地域福祉推進組織が必要です。

地域の福祉力は次の４つがあります。

① 地域生活課題を早期に発見する力（課題の発見力）

② 地域生活課題を話し合える力（課題の協議力：民主的に話し合える力，くらしづらい隣人のことを優先して話し合える福祉的態度）

③ 地域生活課題を協同して解決できる力（課題の協働力：押し付けあわない，自分の団体主義にならない，少しずつ力を出し合える協同的態度）

④ 地域の夢をかたちにする力（ビジョンの形成力：小地域福祉計画策定力）

☐ 小地域福祉活動の圏域

小地域福祉活動の圏域は，一般的には班・自治会域から地区・小学校区域ぐらいまでを想定しています。これは住民が地域の共同性に根ざし，協同で活動を行う圏域です。

圏域については，班・自治会域だけをみればよいのか，あるいは小学校区だけをみればよいのかといえば，そうではありません。各圏域の機能・役割を認識した上で重層的にとらえ，その機能・役割にあった活動を支援します（**図2-2**参照）

☐ 小地域福祉推進組織

地域のニーズを生活の場で解決するためには，それらのニーズを共有し合意形成をする組織が必要になります。これが小地域福祉推進組織です。小地域福祉推進組織の名称は，地区社会福祉協議会や校区福祉委員会，自治会福祉部会，まちづくり協議会福祉部会，また各団体間のネットワーク組織，地域拠点の運営組織など，その呼び方や形態は地域によって多様です。小地域福祉推進組織の最大の特徴は，地域団体を基盤に，一般のまちづくりではなく生活課題・福祉課題に着目してまちづくりを進める点にあります。

小地域福祉推進組織はボランティアグループのような単一の活動組織ではなく，それらの各団体や個人が連携しあって地域全体の福祉力を高めるために組織されます。

また，地域の合意形成や行事を実施するには，地域団体の代表が参加した組織が有効です。一方，見守り・助け合いなどの日常的な活動はボランティアグループなどの組織が有効です。地域生活課題の共有と課題解決への協同には，

「代表性」と「活動性」という2つの組織特性の組み合わせが必要です。

　地域福祉推進組織の必要性は次の5点があげられます。地域活動は担い手や活動が継続され，地域力として蓄積されていくことが地域の歴史になります。とくに，自治会などの一般のコミュニティ組織では，地域生活課題を抱えた住民の課題は共有されにくい傾向にあります。それに対して小地域福祉推進組織は，それらの問題を中心に話し合い，福祉コミュニティづくりを進めます。

　さらに，少子高齢化が進む現代の地域社会では，地域づくりのすべての活動に福祉的観点が求められています。その意味では地域住民だけで地域社会を支えることが困難になってきています。小地域福祉推進組織が活動することによって，その地域の生活課題がみえやすくなり，行政や専門職の地域への参加が促進されます。

　□　**小地域福祉推進組織の必要性**
1　地域住民の福祉力を蓄積する組織がなければ，地域は発展しない
2　「暮らしの困りごと」「私のつらさ」を話し合える組織が地域には必要である
3　コミュニティ活動の中で，福祉活動には「継続性」が求められる
4　福祉活動は暮らしの「基盤」活動になっている（＝福祉でまちづくり）
5　組織的な福祉活動が活発な地域ほど，ニーズが顕在化し行政や専門職の支援や対応も進む

　小地域福祉推進組織には，次の5点の機能があります。これらは，福祉コミュニティを形成する機能として，地域の諸活動をつなげていく機能といえます。地域福祉活動が活発な地域では，これらの機能をすべて満たした活動が進められています。しかし，一般にはこれらすべての機能を満たしている組織はなかなかありません。そこでは，地域の個人，諸団体が協同してこの5つの機能を満たしていくための話し合いが大切です。

　□　**小地域福祉推進組織の5つの機能**
1　地域内団体の福祉活動にかかわる団体間の連絡調整
2　地域内団体の福祉活動にかかわる団体間の合意形成
3　地域内団体の福祉活動にかかわる団体間の協同による活動推進と資金調達
4　地域に必要な活動や団体を生み出す「ふ卵器」機能
5　地区福祉計画の策定

 # 小地域福祉活動を支援する専門職の視点

　地域が自発的に活動している場合，専門職は，住民の協働者としてかかわります。しかし，地域課題があるにもかかわらず，解決する活動が地域にない場合には，専門職はそのための組織の立ち上げや運営の支援を行います（第6章参照）。

☐ 地域生活課題への受けとめと住民リーダーの存在

　専門職は，小地域福祉活動にどのように働きかければいいのでしょうか。その技術としてのコミュニティワークは第6章で学びますが，ここでは2点を押さえておきましょう。

　1点目は，地域生活課題に対する住民の受け止めをみる必要があります。関心の有無を含め，住民にそれらの課題を受けとめる意識と態度が育っていなければ，自発的な動きにつながりません。

　2点目は，地域で問題意識を持っている人や活動リーダーとなる人がいるかどうか，どんな人が動いているのかをみます。専門職の住民への実際の働きかけは，この住民リーダーに対して行います。その場合，住民とリーダーの意識が乖離していないかどうかを含め，両者の関係を診断しながら住民リーダーとかかわります。

　そのうえで，小地域福祉推進組織が立ち上がれば，自分たちの活動を振り返って改善し，次の目標を立てて実践するというサイクルで運営ができるように組織の運営を支援します。専門職は活動への支援とともに，住民自身がニーズを発見し，話し合い，広げるといった地域の福祉力を高める主体形成に着目することが大切です。

☐ 地域住民の立場で考えよう

　小地域福祉活動への働きかけで最大のポイントは，住民になりきって考えるということです。小地域福祉活動は住民の生活実感で進むものです。だからこそ，専門職も自らの実践（業務）目的の達成の視点で住民や地域をみるのではなく，まずは住民の視線に立って考えましょう。たとえば，民生委員・児童委員がAさんという課題を抱える人の支援に一歩踏み込めないのであれば，民生委員・児童委員の立場に立って，なぜ踏み出せないのかを考えてみることが大切です。

 **専門職が地域に入るときの立場性**

☐ 地域住民の見方——地域は多職種・多業種の集まり

　専門職が住民と接するとき，特に大切な2つの視点があります。

　1つ目は，生活者として住民をみることです。生活には住居，安全で衛生的な環境，交通，教育，福祉，娯楽，交流などの全般の要素が必要です。その中で社会福祉はどれくらいの比重を占めるでしょう。また，住民のいう福祉と専門職のいう社会福祉は同じでしょうか。専門職の視点ではなく，住民の視点から，生活全般の機能の中で社会福祉を相対化して考えてみましょう。

　2つ目は，住民は生活者であるとともに，それぞれが多様な仕事のプロであり，地域はその集合であるという見方です。会社員，医師，個人事業者，会計士，弁護士，大工，農業従事者，等々です。家庭の主婦（夫）も家政のプロです。あなたも，地域に帰れば専門職の背景をもった地域住民です。

☐ 地域に入る（入れてもらう）ときの立ち位置

　福祉の専門職は「支援」という用語を使います。一方，住民は生活者としての共同（協同）関係で地域づくりを進め，必要に応じて各自の専門性も発揮し

図5-2　専門職が地域に入る立ち位置

住民性 ← （立場性） → 専門性

専門職

専門／住民　専門／住民　住民／専門　住民／専門　住民／専門

支援と協働

地域

専門／住民　　　住民／専門

協働

専門／住民　　　住民／専門

地域は多業種集団

出所：藤井博志作成。

あいます。

　それでは，福祉の専門職として，あなたが地域に入るときはどのような立ち位置で住民と接しますか。「専門職としての顔」「専門職と住民と半々の顔」「住民としての顔」，または「状況に応じた使い分け」。専門職と住民の顔の使い分けは，地域に支援者として入るか，協働者として入るかによって違ってきます。

　また，専門職が地域にアプローチするときに，個別支援の支援観の延長で地域を「支援」しようとすると住民に敬遠されることがあります。専門職からの押し付け意識を感じるからです。相手はその地域での生活のプロであり，異業種のプロ集団なのです。専門職が地域に入るとき，福祉の専門性とともに自分の内なる住民性にしっかり問いかけ，地域での立ち位置（図5-2）を確認しながら住民と対話し，協働する姿勢が大切です。

解説 7 　住民主体と地域の福祉力

地域福祉は，住民はもとより専門職，事業者をはじめとした多様な主体による活動や実践の協働によって実体化されます。そのうち，地域福祉の基盤となる主体は住民です。地域福祉は「住民主体」という用語を重視します。この用語は，1958年から始まった保健福祉地区組織活動のなかで，住民が自らの暮らしづくりの主体であること，すなわち，自分の暮らしのあり方や，地域のあり方を決める権利主体であるという意味で使われだしました。これが明文化されたのは社会福祉協議会活動の基本原則をまとめた社協基本要項です（全社協1962）。

住民主体という主体認識には，暮らしのあり方は自分と同時に他者もよりよく生きることを尊重しあい，共につくりあげる主体であるという前提があります。すなわち，住民主体とは，住民を基本的人権の尊重とそのうえでの連帯，共生の暮らしをつくる主体であり，地域生活と福祉の権利主体（井岡 2016）と定義されます。さらに，私たちの暮らしは，経済的安定，職業の機会，身体的・精神的健康，社会的協同の機会，家族関係の安定，教育の機会，文化・娯楽への参加という社会生活の基本的要求のどれを欠いてもよりよい暮らしはできません（岡村1979）。これらに対応する諸制度が縦割りでは，住民の暮らしに十分に対応することは困難です。この住民の暮らしの全体性を保障するために，行政，専門職，住民の多様な主体によるさまざまな取り組みと連携協働が地域福祉を形成することに直結するのです。

このような住民の主体認識を「権利主体」「生活主体」「生存主体」という基本的人権を有した生活者としての包括的な主体認識としてとらえる立場があります（右田 1974）。また，近年の社会保障・社会福祉の状況の中で地域福祉を形成する具体的な主体力として，「地域福祉計画主体」「地域福祉実践主体」「社会福祉サービス利用主体」「社会保険制度契約主体」という4つの主体認識としてとらえる立場もあります（大橋 1999）。

さらに，この主体力を地域の福祉力と表現することもあります。地域の福祉力とは地域住民の福祉のまちづくりを進めていく住民の福祉自治力としての表現です（第3節参照）。

地域福祉における住民主体の「住民」という用語をめぐって，もう一つおさえておくべきことがあります。それは「市民」という概念との違いです。広辞苑（第6版）によれば，住民は「その土地に住んでいる人」，市民は「広く，公共空間の形成に自律的・自発的に参加する人々」と定義されています。

すなわち，市民とは市民社会を担う主体概念であり，基本的人権に根ざした共同性を有するつながりである「コミュニティ」の担い手としての表現です。また，それに対して，地域福祉でいう住民とは，一定の地理的範囲に住む住民と市民概念の統合した概念です。それはそれぞれの地理的範囲における文化に根差した日々の暮らしの中で，その地域の歴史・文化・風土にあった地域づくり，暮らしづくりの主体者として，また参加者として，住民の主体力を獲得し発揮していく生活者を想定しています。

（藤井博志）

出所：井岡勉（2016）「地域福祉の展望」井岡勉・賀戸一郎監修『地域福祉のオルタナティブ』法律文化社，224；岡村重夫（1979）『全訂社会福祉学総論』柴田書店，107-119；右田紀久恵（1974）『現代の地域福祉』法律文化社，5-7；藤井博志（2018）「地域福祉の実践に学ぶ―住民・市民活動」上野谷加代子・斉藤弥生『地域福祉の現状と課題』放送大学教育振興会，58-60一部修正。

第6章

住民主体のコミュニティワークを理解する

本章で学ぶこと ─────────────────

☐ コミュニティワークの基礎を理解する

☐ コミュニティワークの過程を理解する

☐ コミュニティワークの実践の壁を理解する

あなたのコミュニティワーク度チェック

☐ 設問1

　あなたは，施設に所属する社会福祉の専門職です。このたび地域でふれあいいきいきサロンを推進することになりました。①，②のどちらの方法で進めますか。
① あなたの施設（事業所）が企画・運営をしてサロンを開く
② 地域住民が，地域の中でサロンを企画・運営する組織（グループ）をつくることを支援する

☐ 設問2

　A市の施策やそれに対する，各自治会会長の反応（①・②）についてどのように考えますか。

事　例

　A市は「孤独死ゼロ」をめざし，高齢者の見守り事業を地域包括支援センターに委託しました。その方法は，(1) 民生委員・児童委員の調査により見守りが必要な人をすべてスクリーニングする。(2) スクリーニングした高齢者に見守り希望を聞く。(3) 希望があった高齢者リストを地域包括支援センターに渡し，職員が各自治会に見守りを働きかける，といった手続きです。

　その結果，多数の自治会会長からは，「なぜそのような見守りを自治会がしなければいけないのか」という反応が返ってきました（反応①）。

　また，熱心な少数の自治会会長からは「365日絶え間のない見守り体制をつくりたい」という反応がありました（反応②）。

 **コミュニティワークの3つの目標と住民の主体形成**

◻ コミュニティワークの3つの目標

　コミュニティワークには以下の①～③の目標があります。

①　プロセス・ゴール（住民の問題解決力の向上）

　これは地域課題解決の過程を重視する考え方です。地域が課題解決の過程で，地域の福祉力を形成することを目標にします。端的にいえば住民の協議力と協同力の形成を重視する考え方です。その力さえ地域が身につければ，地域自らが主体的に必要な活動を進めていけることになります。

②　タスク・ゴール（課題達成）

　これは具体的な課題達成の度合いを評価する目標です。「ふれあいサロンを全地区で開催する，孤立死ゼロのまちづくりを進める」など，定量的な評価が可能になる目標設定です。

③　リレーションシップ・ゴール（良好な地域コミュニケーションの形成・権力構造転換）

　これは地域の民主的で対等な関係性を形成する目標です。地域は何らかの個人，団体の権力的な関係で成り立っています。たとえば，「自治会の役員は男性，活動は女性」という関係や「自治会では住民に共通することは話し合われるが，同じ住民である障害者や認知症高齢者のことは協議の課題に上らない」など有形無形の力関係が意識的，無意識的に働いています。これらの関係の是正の度合いを評価する目標です。

　この3つの目標は相互に関連し，活動展開によって重点が違ってきます。住民自身は，具体的な課題解決のためにタスク・ゴールで進めることが多くなりますが，地域リーダーや専門職は，上記のプロセス・ゴールやリレーションシップ・ゴールの視点を重視しながら実践することが大切です。**設問2**の②は見守りを希望する高齢者の意向を確かめず監視に近い体制をつくるかもしれません。したがって，リレーションシップ・ゴールの視点が必要です。

◻ 住民主体の地域福祉活動

　設問2の事例における多くの自治会長の怒り（反応①）は，最終的に地域（自治会）が進めていかなければならない見守り活動を行政が勝手に仕組みを作って，地域の実情を考慮せず，画一的に地域に降ろしてきたことにあります。また，「孤独死ゼロ」という行政施策の目標は，仕事ではない地域住民には大変重たい課題です。

住民との協議，地域の実情に合わせた地域の自発性を尊重した実施の決定など（プロセス・ゴール）を無視した，行政のタスク・ゴール重視の提案に反発した当然の反応だといえます。

　見守りを希望した高齢者側もこのような地域の体制のなかでは監視に近くなる可能性があり，かえって生活しづらいでしょう。そうなると当事者不在の住民活動になってしまいます。

　では地域包括支援センターの専門職は，どのような実践をすればよかったのでしょうか。まず住民が行う見守り活動を，行政が期待する早期発見ではなく，お互いの信頼関係にもとづいた気のかけ合いと，それを通した地域のつながりづくりという地域の目標に置き換える視点が必要です。

　たとえば，最初に地域での見守りの必要性を話し合い，その次にその地域にあった自治会ごとの取り組み方を検討し，並行して地域の見守りを希望する高齢者との交流を進めるなどの方法が考えられます。すなわち，リレーションシップ・ゴールやプロセス・ゴールの取り組みを優先する考え方です。

 ## コミュニティワークの基礎理解

☐ コミュニティワークとは

コミュニティワークとは当事者，地域住民が地域生活課題の解決を目的として，地域での活動組織の組織化や専門職等の関係者の地域への参加を進めることを支援する実践です。具体的には，次の3点を目的とします。

①誰も排除しない地域共生社会の形成を，住民自治による福祉のまちづくりとして進める。

②当事者・地域住民の主体形成および地域の福祉力を高める。

③直接的な地域の助け合いなどの暮らしに必要な資源や活動を創り出す。

☐ コミニュニティワークを支える思想・理念

> • 住民主体，当事者主体
> • 草の根民主主義，近隣基盤
> • ボランタリズム，社会変革
> • 住民自治，ローカルガバナンス
> • ノーマライゼーション，ソーシャルインクルージョン

コミュニティワークが背景とする思想や理念の中核に住民主体・当事者主体があります（第5章参照）。その協同（共同）基盤として，近隣での住民同士の直接的な対話や話し合いを進める草の根民主主義（grassroots democracy）が重視されます。

またそれは，地域住民の内発性や自発性（ボランタリズム）によって，ノーマライゼーションやソーシャルインクルージョン（社会的包摂）をめざす社会に変えていこうとする取り組み（社会変革）といえます。

近年では住民，事業者，行政が協働して地方自治を進める「協治」としてのローカルガバナンスを地域福祉から進める住民自治の方法としても位置付けられています。

☐ コミュニティワークの3つの目標

本章の第1節で学んだ3つの目標を再掲しておきます。

① 　プロセス・ゴール（問題解決力の向上）

② 　タスク・ゴール（課題達成）

③ 　リレーションシップ・ゴール（権力構造転換）

□ コミュニティワークの5つの特徴

① 出発点は個人の生活・福祉問題を地域課題と認識すること

個人の課題であれば，その関係者による地域生活支援で解決します。コミュニティワークは，その課題の要因が社会体制や地域社会にあったり，そのために，多くの住民が同様の問題状況にある場合に取り組みます。コミュニティワークは個人の課題ではなく地域の課題として明確化し，その問題を住民同士で共有化するところから始まります。

② 地域住民，専門機関等，地域のあらゆる主体との連携

地域で問題が発生するということは，それを解決する制度や仕組みがないということでもあります。したがって，その問題に関係すると思われる，あらゆる主体に呼びかけ，連携していく実践です。

③ 無から有を生み出す――社会資源の創出

②は結果的には解決手段を生み出す実践になります。したがって，コミュニティワークの一環として，社会資源の開発やソーシャルアクションが重視されます。

④ 全体の活動を展望した活動――計画活動

コミュニティワークは地域を組織する活動ですから，コミュニティワーカーは2つの視点が重要です。1点目は，地域の活動者や専門機関の活動状況やその利害関係や連携状況の全体把握です。2点目は，関係者の合意としての計画策定のプロセスとその実行過程での協同（協働）を重視します。

⑤ 専門技術であると同時に住民が使う技術

最も重要な特徴は，この組織化技術は専門職が独り占めするのではなく，住民が習得し住民自らが地域を組織化できるように援助することにあります。したがって，専門職は，住民の表に出ない，あきらめている望みや潜在力を引き出すエンパワメント支援の一環として，地域づくりの方法や技術を伝えていく学習を重視します。

□ コミュニティワークにおける組織化の対象

組織化の対象は大別すると地縁型組織とアソシエーション型組織に大別できます。

地縁型組織は一定の共同性のある圏域内での組織です。共通の圏域でのコミュニティであることから，地域の全般的な課題に対応する一方，多様な価値にもとづく地域住民の合意形成に時間を要します。また，地域を限定するため，地域特有のニーズを把握できる一方，閉鎖的な組織になりがちです。小地域福祉推進組織などがその典型です。

アソシエーション型組織は共通のテーマにもとづいて結びつく組織です。特定のテーマで結びつくため必ずしも地域に限定しないでつながるコミュニティ

です。そのために，地域問題全般への対応力は低いですが，特定の課題に対する機動力のあることが特徴です。地域福祉では当事者性にもとづくセルフヘルプグループや活動テーマにもとづくボランティアグループなどの組織が代表的です。

　以上の2つの組織特性は，地域密着型の活動の場合に，融合した形態で組織される場合があります。まちづくり協議会福祉部や地域密着型NPOなどです。これらの組織は2つの形態の長短を補完する組織として地域を開きながら持続可能な地域づくりを進める組織形態として期待されています。

☐ コミュニティワークの担い手

　コミュニティワークの担い手は，社会福祉関係者だけでなく，他業種に及びます。また，コミュニティワークは住民リーダーから専門職までが使う技術です。

①　住民リーダーやボランティアリーダー等

　地域づくりの基盤として，住民リーダーやボランティアリーダー，協同組合員などの無給の担い手がいます。ここでのコミュニティワークは，地域づくりだけでなく，社会的な問題に対して，地域に働きかける社会活動や運動を進めるための組織化の方法としても使われます。

　とくに，市民活動の組織化をアメリカではコミュニティ・オーガナイジングと呼んでいます。

②　社会福祉分野以外でコミュニティワークを必要とする専門職

　コミュニティワーク自体が本来の職務ではありませんが，コミュニティワークの価値や技術を必要とする職種です。都市計画コンサルタントや一級建築士，集落支援員や地域おこし協力隊などの地域支援員，また労働組合や生活協同組合などの社会的協同に取り組む組織の職員などです。また，保健師や各種の療法士などの対人援助職にも，地域生活支援の一環としてコミュニティワークが求められています。

③　社会福祉分野の専門職

　社会福祉の実践方法として，ジェネラリストソーシャルワークが主流となってきています。また，地域を基盤とした社会福祉実践を行うには，どの社会福祉実践現場においても，状況に応じてコミュニティワークの方法を使うことが求められます。

　その中には，個別支援の延長として地域づくりを進める住民と協働する立場（主に，ケアワーカーやソーシャルワーカー等の地域生活支援を担うワーカー）と，活動組織の組織化やネットワーク化を側面的に援助するコミュニティワークを主として使う立場（主に，社協職員等の地区担当者や生活支援コーディネーター）の2つの立場があります。

☐ コミュニティワークの技術

① コミュニティワークの技術

地域診断，当事者・住民組織化，ネットワーキング（専門機関間の連携促進や住民と専門機関の連携促進），地域生活支援の組織化，社会資源開発，ソーシャルアクション，地域福祉計画の策定，地域福祉活動記録と評価，など

② 関連技術

地域生活支援（ミクロ），組織マネジメント，活動資金調達，サービス評価（メゾ），地域福祉計画，福祉政策運営（アドミニストレーション）

③ 専門職の役割[注]

- 活動の推進者としての役割（調査分析者・サービス提供者・刺激者）
- 活動のアシスタント（情報・技術の提供者，表出者，調整者）

コミュニティワークは地域福祉実践の中核的な方法です（本書第1章第3節参照）。コミュニティワークを実践する専門職の役割は，大きくは住民活動の推進者とその活動のアシスタントとしての役割に分けられます。次の節で説明する「立ち上げ支援」と「運営支援」としての役割に該当します（図6-1）。

住民活動の推進者としての役割は，側面的援助に立ちつつも，専門職として地域生活課題を分析し，住民にわかりやすく示すこと，住民が活動を進めるうえで社会資源を有効に活用できるように支援すること，住民が地域生活課題に無気力や無関心な状態であれば現状の不満感や不安などを掻き立て取り組みを進める支援などの役割です。

活動のアシスタントとしての役割は，住民活動組織の運営が住民自身で進められるように支援する役割です。住民活動に有効な情報や技術の提供とは，他地域の活動状況の情報提供や住民調査，広報，会議の運営，計画策定の方法などの伝達など多岐にわたります。調整者としての役割は活動団体と専門職や行政間などの連絡調整です。

注)

加納恵子（2003）「コミュニティワーカー」高森敬久，高田眞治，加納恵子，平野隆之『地域福祉援助技術論』相川書房，96-106，より一部要約して引用。

③ コミュニティワークの実践過程と留意点

☐ コミュニティワークの実践課程

　コミュニティワークの実践過程は，原則的には**表6-1**の過程ですが，より実践的には次の３段階として理解できます（**図6-1**）。

①　第1段階：地域との信頼関係づくり

　(a) 地域の理解と信頼関係の構築

　専門職は地域に入り，地域の特性や地域生活課題を発見しながら，地域のリーダーや団体相互の関係，問題解決力を診断します（第７章参照）。それと同時に，住民リーダーやメンバーとの信頼関係を構築します。

　(b) 地域づくりの構想を描く

　次に，必要とされる活動やそのための組織づくりを大まかに構想します。また，それを実現するためにとる手続きや実践の過程をイメージします。これを実践仮説の立案ともいいます。この方法としては，簡易なプロセスチャートを描くことが有効です（第９章123頁参照）。

②　第2段階：立ち上げ支援

　(c) 組織の立ち上げ

　住民リーダーやメンバーとの対話や協議を重ね，信頼関係の構築に努めます。その上で，住民リーダーやメンバーが地域課題に対応する新たな組織を立ち上げるための支援を行います。この場合，既存組織や既存組織間のネットワーキングによって対応可能か，新しい組織が必要かの判断を，住民リーダーが判断

図6-1　コミュニティワークの実践過程

① 第1段階 地域との信頼関係づくり	(a) 地域の理解と信頼関係の構築
	(b) 地域づくりの構想を描く
② 第2段階 立ち上げ支援	(c) 組織の立ち上げ
③ 第3段階 運営支援	(d) 課題の明確化と共有化（課題把握）
	(e) 協同活動と評価（計画策定・実施・評価）

参考：第１段階は，韓国住民運動教育院／平野隆之ほか編訳（2018）『地域アクションのちからコミュニティワークリフレクションブック』CLC，47-50参照。第２・３段階は，「地域組織化のプロセスモデル（永田幹夫）」全国社会福祉協議会（2000）『地域福祉論（改訂２版）』193参照。
出所：藤井博志作成。

する支援を行います。

③　第3段階：運営支援

(d) 課題の明確化と共有化

組織が立ち上がれば，組織メンバーが中心となり，問題の明確化のために地域アセスメントを行い，その結果を広報や学習を通じて地域と共有します。この共有過程を経なければ「みんなの問題」として地域課題化しません。

(e) 協同活動と評価

課題解決に向けた協議を大切にしつつ，活動の優先順位づけや必要な社会資源等の調達，関係者の協力の輪の拡大を図ります（計画策定と実施）。これらが進めば，関係者全員で振り返りを実施します。振り返りでは，成果の確認を重視しながら，次の活動課題を明確にします。

☐ 実践過程の特徴と留意点

①　地域活動は信頼関係と合意形成で成り立つ

地域組織化活動では信頼関係と合意形成が重要です。専門職にとっては，地域との信頼関係を結ぶ第1段階が最も大切です。これは住民リーダーとメンバーとの関係においても同様です。

②　らせん状に実践過程は進む

一連の実践過程は，実際にはこの通りきれいに進みません。過程の段階を飛ばしたりまた戻ったりしながら，紆余曲折するものです。しかし，全体として「前に拓けていく」ものとしてらせん状に進むイメージをもつことが大切です。

③　基礎的活動は常にどの段階でも行われる

実践過程の「話し合い（協議）」「地域診断」「学習・広報」「関係者や協力者の呼びかけ」「企画・計画づくり」「振り返り・評価」などの地域の福祉力と呼ばれる活動は，どの実践課程でも行われる基礎的・日常的な活動です。

④　専門職は対話を通して住民との関係を省察する

専門職と地域住民との対話とは，単なる会話ではなく，住民の奥底にある生活者としての願いを意識化し表出すると同時に専門職も住民の思いへの気づきや理解を深める相互変容の過程です。そのためには，専門職も住民への共感の中で，生活者としての自分を省察することが大切です。これが「当事者・地域住民・専門職の相互エンパワメント」の基本的な態度や姿勢です。

解説8　🖊　原則的なコミュニティワークの過程
——個別支援との対比

　原則的なコミュニティワークの過程を，永田幹夫の地域組織化プロセスモデル（表6-1）に従いながら，個別支援との対比で説明します。

　まず個別支援と対比して，異なる過程に「1.活動主体の組織化」（表6-1）があります。また，個別支援と同様の理解ですが，コミュニティワークの実践上ではより原則的な理解をしておかなければならない過程に「2.問題把握」（表6-1）があります。

　▼「1　活動主体の組織化」の段階での個別支援との違い

　個別支援では，援助上の主体は当事者本人ですから明確です。それに対して，コミュニティワークの援助対象である地域は，様々な組織団体によって成り立っています。したがって，解決する地域生活課題に関係する組織，団体，リーダーを組織化し，主体を明確にするところから地域の実践は始まります。この過程は「立ち上げ支援」（図6-1）の過程です。

　▼「2　問題把握」の段階での個別支援との違い

　問題把握は地域診断の過程です。個別支援の場合は，各個人の問題の個別化の過程であり，コミュニティワークは各地域の問題の個別化の過程といえます。個別支援の診断との違いは次の2点です。

　①　地域診断の主体は，原則的には個別支援は当事者本人であり，コミュニティワークであれば住民です。専門職は専門的に診断しますが，それはあくまでも当事者（個人・地域）との協働行為ととらえられます。

　②　コミュニティワークの問題把握は住民自らが行うことによる地域住民間の問題の共有化の過程を重視します。地域は個人の課題ではな

く，「地域みんなの課題」として住民間で認識されて初めて自発的，内発的な活動が展開されます。この過程は，「運営支援」（図6-1）の段階です。

　▼プロセスモデルの全過程の留意点

　①　原則的な過程の理解では，「活動主体」が組織されて以降，その活動主体の実践として展開されます。「5　評価」のプロセスの段階で，実践主体の組織強化が必要であれば「1.活動主体の組織化」にもどります。また，組織に問題がなければ，「2.問題把握」にもどり，解決できていない問題について調べるところから始めます。

　②　地域の生活問題は，既存の制度や仕組みが，その問題に対応できないことから生じます。したがって，地域生活課題の解決のための計画は，社会資源開発のための協働活動の促進やソーシャルアクションなどの運動の組織化などが重視されます。

　③　この「計画」期間は，短期で1〜3年，中期で3〜5年，長期で5〜10年が想定されます。短期では，移送サービスの創設などの単発の問題や資源開発をめぐって計画されます。中短期では地区福祉計画や地域福祉活動計画など，地域全般の複数の課題解決に向けた計画が取り組まれます。

（藤井博志）

参考：平野隆之（2003）「実践プロセスからみた地域福祉援助技術」髙森敬久・髙田眞治・加納恵子・平野隆之『地域福祉援助技術論』相川書房，163〜175。鈴木五郎（1997）「コミュニティワークの展開過程」松永俊文・野上文夫・渡辺武男『現代コミュニティワーク論』中央法規出版，136-145。

表6-1 原則的なコミュニティワーク過程 地域組織化プロセスモデル（永田幹夫）

段　階	手順	内　　容	説　　明
1．活動主体の組織化	1	●とりあげるべき問題に関連する機関や人びとを活動に組み入れる	問題を抱えている人びと，問題解決の努力をしている人びと，関連する機関，専門家，団体にはたらきかけ，組み入れ，解決活動推進の主体を組織する
2．問題把握	2	●地域特性の把握 ●福祉水準，問題，および社会資源についての基礎的把握	地域福祉推進にあたって，その地域の特性（気候条件，物理的条件，人口動態，産業構造，住民性，住民意識構造）を把握し，福祉問題の予測，問題の背景，住民の考え方，態度の特徴を明らかにしておくことが前提となる 　要援護者の実体，住民の抱えている福祉問題，福祉水準および社会資源（地域の諸機関，団体，専門家等）についての基礎的把握
	3	●社会的協働により解決を図るべき問題の明確化とその実態の把握	既存資料の分析，新たな調査，活動，事業を通じての把握，専門家の判断等により社会的に解決を図るべき福祉問題を発見し，その実態について多面的に明らかにする
	4	●問題を周知し，解決行動への動機づけをおこなう	広報，話し合い，福祉教育等を通して問題提起し，自覚化と共有化を図り，解決しなければならない課題として動機づける
3．計画策定	5	●解決活動に動機づけられた問題をより明確にし，優先すべき課題を順序づけ推進課題の決定をおこなう	問題の相互理解を深め，問題の深刻度，緊急度，広がりおよび住民の関心，地域や社会資源の問題解決能力，従来の活動や施策等の評価から何を推進課題として取りあげるか決定する
	6	●推進課題実現のための長期・短期の具体的達成目標の設定	何を，どの水準にまで，いつまでに達成するのか，それは全地域を対象とするのか一部地域か，全員を対象とするのか一部か等を明確にし，長期・短期の目標として設定する
	7	●具体的実現計画の策定	目標を実現するために誰が何を分担し，どの様な資源を活用して実施するか，誰にはたらきかけるか，財政，時期，推進機構等を明らかにした，具体的実施計画を関係者の共同計画として策定する
4．計画実施	8	●計画の実施促進 　住民参加の促進 　機関・団体の協力の促進 　社会資源の動員・連携・造成 　社会行動（ソーシャル・アクション）	●広報，福祉教育推進等により動機づけや活動意欲を高め，住民参加・対象者参加を促進する。公私関係機関・団体・個人の連絡調整を行い，計画実施のための協力体制を強化する ●問題解決に必要な社会資源の積極的な活用連携を図る。さらに不十分であったり欠けている社会資源を新たに創設する。とくにその設置，制定が国・地方自治体等の責任をもって実施しなければ困難な場合，要望・陳情・請願などの社会行動を行う
5．評価	9	●計画の達成度，および組織化活動についての評価	●計画目標の達成度の点検，効果測定を行う ●活動の進め方，住民の参加，機関・団体の起用力について評価する ●目標や計画そのものの評価をおこなう ●全過程の総括をおこない，課題を整理する

出所：全国社会福祉協議会（2000）『地域福祉論（改訂2版）』193より転載。

4　コミュニティワークの実践の壁の特性とその場面

☐　住民と専門職の関係から生じる4つの壁の特性

　コミュニティワークのプロセスは**図6-1**，**表6-1**として理解されます。しかし，そのプロセスの中で，日常的に実践の「壁」にあたります。ここでの「壁」とは，次の展開に移行するために克服するべき活動課題のことをいいます。

　実践の壁は，住民活動としての壁と，それを支援する専門職の援助上の壁という2つの主体の壁の関係の重なりによって，4つの場面の壁となって現れます。

　図6-2はこの4つの壁について，専門職の立場から優先順位をつけて説明しています。

　①　**第1の壁**（図6-2の◎）

　第1の壁の場面は，住民（リーダー）が問題には気がついているが，その乗り越え方がみつけられない住民活動上の壁と，それを専門職も意識しているが，適切な支援の方法が見つけられない状況が重なっている場面です。この場合は，住民と専門職が問題共有している状況なので，協働することで困難を乗り越えられる可能性が高いといえます。

　②　**第2の壁**（図6-2の◯）

　第2の壁の場面は，住民リーダーが気づいていないことに対して，専門職が，

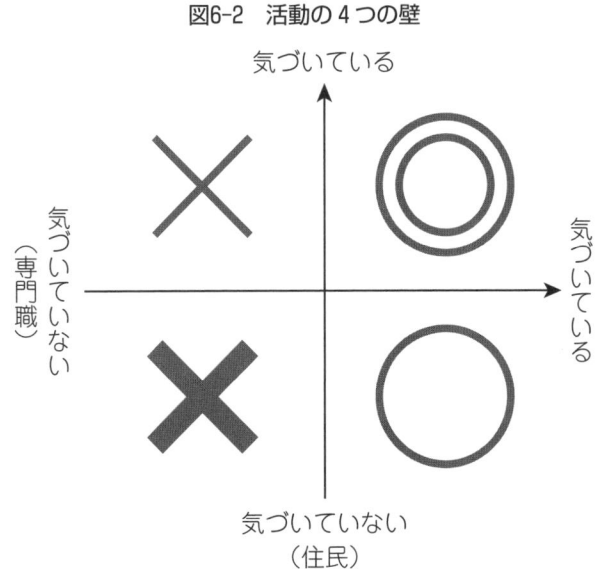

図6-2　活動の4つの壁

出所：藤井博志作成。

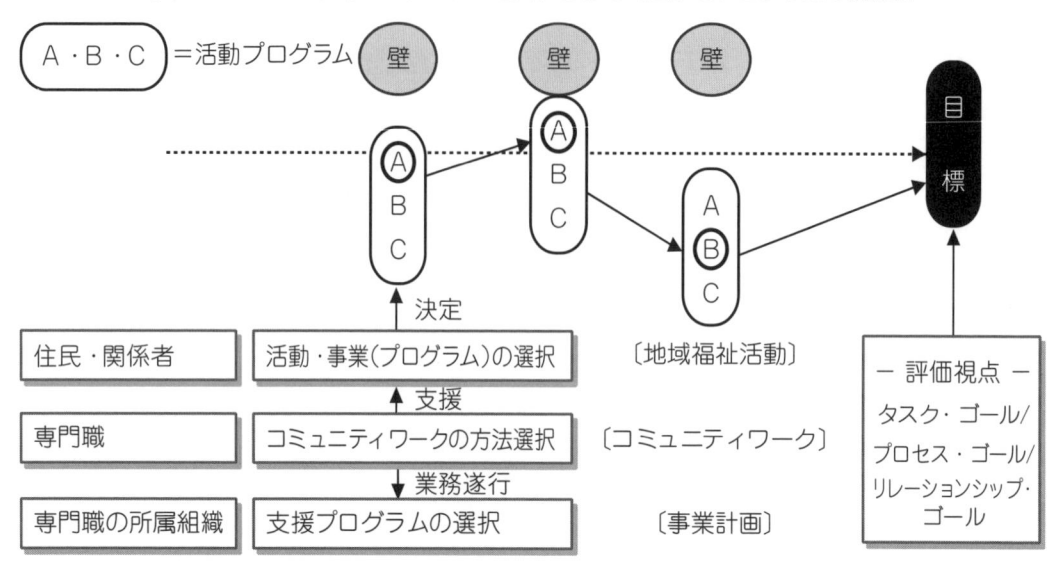

図6-3　コミュニティワーク・プロセスにおける「壁」とプログラムの関係性

出所：藤井博志（2007）「コミュニティワーク実践分析と記録化の視点」『日本の地域福祉　第20巻』日本地域福祉学会，を一部改変。

住民の気づきを促せない場面です。この場合，この状況をめぐる地域診断を行う必要があります。住民への押し付けにならない自発性を促す支援の困難性はありますが，専門職が気がついている以上，継続的な支援は可能です。しかし，「地域生活課題の専門職の丸抱えの状況」にならないように留意が必要です。

③　第3の壁（図6-2の×）

第3の壁は，住民リーダーは気がついているが，専門職がその問題状況に気がついていない場合です。地域福祉活動としては住民に問題意識があるので良好な状況です。しかし，専門職との関係では専門職は住民から当てにされなかったり，結果として，「住民への地域生活課題の丸投げの状況」となり，専門職の資質が問われます。

④　第4の壁（図6-2の×）

第4の壁は，住民リーダーと専門職共に地域の問題状況に気がついていない場面です。この場合は問題が深刻化するまで放置される状況になります。その対応として，第三者の介入が必要となります。住民リーダーには他地区との交流や学習活動などでの気づきの促進と専門職には定期的なスーパービジョンや事例検討などが必要となります。

☐ 実践上の壁の構造

実践上の壁の克服には，その壁が起こる構造の理解が必要です。**図6-3**はその構造を示した図です。この構造の要素は住民関係者による「活動・事業（プログラム）の選択」，専門職による「コミュニティワークの方法選択」，専門職

の所属組織による「支援プログラムの選択」という3つの主体と実践の要素から分析できます。

①　構造1：コミュティワークは3つの主体から成り立つ

　コミュニティワークの第1の主体は地域福祉活動を実践する，住民，関係者です。この場合の関係者とは，地域にアプローチする地域包括支援センターや，地域公益活動を行う社会福祉施設・事業者などをさします。第2の主体は，それらの活動を支援する専門職（コミュニティワークを実践する専門職）です。第3の主体は，その専門職が所属する組織です。多くのコミュニティワークの実践はこの3つの実践主体の関係で展開します。

②　構造2：3つの主体の実践

　地域住民や地域にかかわる関係者は，活動の目的・目標に対して「何をするか」を判断し，必要な活動・事業（プログラム）をその都度選びます。これが，活動・事業（プログラム）の選択です。専門職は，地域住民・関係者がどのような活動・事業を選択するのかを観察します。

　通常，この活動・事業の選択は，ベストな選択はなくベターな選択になります。ベターな選択とは，長所が多く，短所が少ない選択を行うことです。その後，その活動が進展すると，長所は伸びますが，短所も増幅します。その短所の増幅が，次の壁となって現れます。たとえば，最初に「ふれあいいきいきサロン」の実施を決定したとします。その活動のしやすさから，サロンは増えますが，次に，サロンに「来れなくなった人」や「最初から来ない人」への個別対応をどうするかという壁が活動課題となって現れます。

　専門職（コミュニティワーカー）はその活動・事業と活動上の「壁」を診断し，必要な支援を行います。これがコミュニティワークの方法選択です。

　また，専門職は所属組織に地域住民・関係者が進めようとする活動・事業を支援できる事業が事業計画にあれば，それを活用して支援します。これが支援プログラムの選択です。たとえば，地域住民がサロンを実施したいと考えたときに（活動プログラムの選択），専門職は他の地区の状況や要支援者数などの情報を提供したり，地域の中でどのような集いの場があるのかを住民と視察したりします（コミュニティワークの方法選択）。専門職は，所属する組織に「サロン開設講習会」や「サロンの立ち上げ助成」などの事業があれば，それを活用して住民を支援します（支援プログラムの選択）。

　実践の「壁」は，各主体における「活動・事業（プログラム）の選択」，「コミュニティワークの方法選択」，「支援プログラムの選択」の3つの選択が適切でない時に生じる場合が多いと考えてください。たとえば次の状況です。

◻ 実践上の壁の例示

　① 活動・事業（プログラム）の選択が適切でないとき

　例：進めようとする活動に組織の形態があっていない。住民リーダーが進めたいと思っている活動に対し，住民が無関心であったり，他の事項に関心がある。団体代表で構成される組織が見守り活動を行う決定をしても，その合意形成はできるが，見守り活動という日常的な活動を行う組織には不適合である。

　② コミュニティワークの方法選択が適切でないとき

　例：専門職は見守り活動を推進したいが，住民は，見守り活動は個人宅に入る活動でそこまではできないと思っている。このように，住民の状況を診断できずに進めようとして，住民から受け入れられない。また，住民の発展段階や気づきに沿った支援が上手くできていない。

　③ 支援プログラムの選択が適切でないとき

　例：住民のニーズではなく，施策を推進するための事業計画になっている。住民はふれあいサロンを進めたいのに，所属組織や行政は見守り事業を進めようとしている。その間のジレンマで専門職が悩んでいる。

◻ 「壁」を発見する4つの視点

　以上のように，実践上の壁が生じる要因は，その構造上から次の4点が考えられます。

　1点目は住民が実施しようとする活動・事業が地域のニーズにあっていない場合です。活動プログラムや支援プログラムの点検が必要です。

　2点目は専門職の地域のかかわり方に問題がある場合です。コミュニティワークのプロセス上での壁の発見やコミュニティワークの方法の選択の点検が必要です。

　3点目は実施する活動・事業の体制が未整備な場合です。住民が望む活動に実施組織の形態があっていないかの点検が必要です。また，その地域生活課題に対応する専門機関側の組織や連携のネットワークやシステムの点検が必要です。

　4点目は住民同士の力関係や権力構造から連携・協働が円滑に進まない場合です。地域の関係性・権力構造の地域診断が必要です。

　なお，これらの「壁」は，①地域住民・関係者の会議や協議の場，②活動目標が合意された時と場，③目標にもとづく具体的な活動・事業が計画された時と場を振り返って点検することで発見しやすくなります。

5 日常の実践から専門性をつかみ取るトレーニング

　コミュニティワーク事例検討は**図6-1**，**表6-1**のプロセスを意識して，実践経過を振り返るプロセス事例検討が中心となります。そのためには，プロセスの節目となる発見を，日常場面（実践）から意識化して抽出する力が問われます。また，前節で学んだ「壁」についても，日常場面（実践）の中で「決定的かつ重要」なコミュニティワークの価値にかかわる場面を，「争点」として抽出するという力が必要になります。

　福祉現場だけでなく，他の産業の現場などにおいても「壁」や「争点」を日常場面の出来事から短文事例として作成し，その場面の問題点の解明とそれに対する意思決定を検討します。この方法は「インシデント・プロセス方式」と呼ばれています。

　この節では，コミュニティワークの事例検討を，日常場面の実践上の壁を切り取るインシデント（ある出来事，事件の場面）事例学習と組み合わせてトレーニングする方法について説明していきます。

◯ 場面抽出の例示
　まず研修者（スーパーバイザー）が100字程度の簡易例示を示し，学習者（スーパーバイジー）が，事例化する場面のイメージをもてるようにします。
〔例〕
　①「ふれあいサロンは住民の自主的な集まりの場だと思っているのに，保健師や地域包括支援センターのワーカーが介護予防やニーズ把握の場に活用したがっている」
　②「認知症独居高齢者の見守り体制を地域にお願いに行ったが，ある地区では『どうして地域がそんなことをしなければいけないのだ』と拒否された。他の地区では毎日見守り体制を組織してくれたが，高齢者がなんだか窮屈そうだ」

◯ 目標との関係を意識して実践を振り返る
　次にコミュニティワークの目標が具体化している場面を発見する練習を行ってみましょう。目標は評価と表裏一体です。支援目標を意識しないところには，評価やそのための課題もみえず，したがって壁も意識されません。目標に対応する場面を見つけ出すこと自体が難しいことかもしれませんが，このトレーニングは欠かせません。

そして，目標を具体的に設定している現場ではそれに対する場面を抽出するとよいと思います。また，集合研修などでは，一般的な目標として，プロセス・ゴール，リレーションシップ・ゴール，タスク・ゴールがあらわれている場面の抽出にチャレンジしてみましょう。例を一つあげておきます。

〔例（リレーションシップ・ゴール）〕

地域福祉活動計画策定作業の中で，障がいの方や在日外国人の調査を策定委員も参加して実施した。それぞれがもっていた対象のイメージを転換，もしくは再確認する機会となり，声かけ等をとおしたつながりづくりの必要を感じたとの感想が出た。

☐ 事例を作成する

実際に学習者から出される事例は，次の3つのレベルに分類できます。

第1レベル：ワーカー自身や組織内の単純な業務改善によって解決できる事例

第2レベル：コミュニティワークの技術判断が求められる事例

第3レベル：コミュニティワークの技術判断とともに価値判断が求められる事例

第1レベルは，壁には相当しません。第2レベルは住民・関係者への働きかけの方法に迷う事例で，このレベルの場面が多くあらわれます。ワーカーの方法技術の選択とともに，その裏にある価値の確認を行いましょう。

第3レベルは，「争点」と呼ばれる場面です。ワーカーの方法技術の選択とともに，価値判断が問われる場面です。もちろん第1の中にも第2レベルが潜んでいますし，第2レベルはほぼ第3レベルに引き上げて事例化できます。そのことへの学習者の発見と気づきの支援は研修者の大切な役割です。

以下，第2，第3レベルの例を示します。これらの事例の記述は「状況」記述ですが，これも，コミュニティワーク・プロセスのなかの場面と解釈できます。もちろん，事例化する場合は，より具体的な実際の場面に焦点を合わせて記述するとよいでしょう。

〔例（第2レベル）〕

小地域福祉活動が住民にも認知され市内各地で取り組まれるようになってきたが，「小地域福祉活動」＝「ふれあいいきいきサロン」というイメージが強く定着してしまって方向転換がしにくくなっている。個別支援については「なかなかよその家のことまで他人が構えない」という話を民生委員からもよく聞く。

〔例（第3レベル）〕

地区の中で役職についていないと活動がしにくい（口が挟めない）という意見を聞く。地区全体を巻き込もうとすると自治会組織を動かさないといけないが，そうすると，地区の中で肩書きはないがやる気のある人が活動に参加できにくい。そういった相談を受けるが，各地区の判断で決められることであり，社協

がどの程度介入できることなのか難しい。

　以上の作成のトレーニングを踏まえて，A4版1枚以内の400字〜1200字程度で第3レベルの事例作成に挑戦してみましょう（作成例は**資料6-1**）。事例を作成する時に○○ VS ○○というように実践の価値をめぐる争点や壁を象徴する葛藤を表すテーマをつける作業が，問題を明確化するうえで有効です。

◯ 学習討議の視点

　学習の方法は学習形態によって多様ですが，通常は，事例をもとに小グループ討議を行い，事例がもつ実践の分岐点ともいうべき論点を探ります。その場合，「AとBの選択肢がある」という判断と，その判断基準および各選択肢の課題を抽出するようにします。また，状況の記述ではなく，より具体的な場面記述である場合，ロールプレイを導入して疑似体験をしてみることも有効な学習方法です。

　なお，専門職の職場内会議において，インシデント事例をもちよって協議すると，内省的な深まりのある会議運営が可能になります。

資料6-1　争点化したインシデント事例

【インシデント1】個人と地域の利害対立を巡るワーカーの葛藤

　ゴミ屋敷状態になっている独居高齢者Aさんが，家主から自宅退去を言い渡されているとのことで，民生委員・児童委員から社協と地域包括支援センターに相談があった。Aさんは，地域とのつながりはほとんどなく，民生委員・児童委員以外に地域で会話ができる人がいない。昼間から飲酒し近隣とのトラブルが多く，地域住民からは施設に入所させられないかという声が多く聞かれていた。

　地域包括支援センター職員が何度か訪問し，家主，Aさんと話し合いをした結局，Aさんは転居することになった。ゴミ処理は家主の管理責任だとして，地域住民を含め誰もかかわろうとしなかった。

　今後，ゴミ屋敷が出てきたときに地域はどうかかわるのか。今回と同じように地域から追い出そうとする動きになるのではないだろうか，という疑念を社協職員も地域包括支援センター職員も持ちつつ，どうしたらいいかわからない。

【インシデント2】当事者主体 vs 専門的援助を巡るワーカーの葛藤

　若年性認知症についての市の実態調査から，当事者間の情報交換の場を希望する声が出てきたため，社協職員が「若年性認知症の家族のつどい」を開催した。つどいでの話し合いから，既存の介護保険サービスのデイサービスは高齢者ばかりで利用しにくい，近隣にもなかなか病気の事を話せない等，当事者と家族の居場所がない現状が明らかになった。

　社協職員としては，今後の展開としてセルフヘルプグループの立ち上げと，そこから集いの場の構築をめざしている。しかし，何度つどいを開いても，意見交換を繰り返している状況が気にかかるようになってきた。社協職員として，具体的な動きへ進めないことに不安を感じている。

【インシデント3】専門職と地域住民が協働関係を築けないことを巡るワーカーの葛藤

　地域住民と専門職の連携による見守りを推進するために，民生委員・児童委員を中心とした地域福祉活動者に声をかけ，集まっていただいた。すると活動者からは，「専門職は，勝手に地域に入ってきて，勝手にどこかへ連れて行く」，「何か聞けば個人情報で教えてもらえない」などと怒りの感情を含む意見が数多く出された。このほか，「他人の家にクビを突っ込むものではない」との意見も出てきた。

　専門職とつながる場を設定して，顔の見える関係づくりをすすめていきたいと提案するも，結果的にこの場は全体的に消極的な雰囲気で終わってしまった。専門職の間でも，これ以上の話し合いをすることに消極的な人もおり，全体として方向性が定まらないままである。

出所：兵庫県福祉人材研修センター（2014）「コミュニティワーク専門ゼミナール」における，受講者からの提出課題より抜粋。

参考文献

藤井博志（2008）『社協ワーカーのためのコミュニティワークスキルアップ講座』全国社会福祉協議会。

藤井博志（2010）「地域支援」岩田正美・大橋謙策・白澤政和『ソーシャルワークの理論と方法Ⅰ』ミネルヴァ書房，245-262。

■第7章■
地域福祉実践のための
地域診断

本章で学ぶこと ─────────────────

□ 地域を観察する地域福祉の視点を理解する

□ 地域福祉実践のための地域診断の領域を理解する

□ 地域診断の3つの方法を理解する

地域を歩いて観察してみよう

☐ 設問1

　一つの地域を選び，地域を歩いてまちの様子を観察し，次頁の表に記入してください。観察する地域は自治会域から広くても小学校区域までの地域です。

☐ 設問2

　あなたが見てきた地域の特徴を説明してください。

☐ 設問3

　あなたが見てきた地域の「ひとり暮らし高齢者（注：テーマは自由に設定しても可）」の生活状況はどういったものであると考えられますか（箇条書きで結構ですので記入してください）。

☐ 設問4

　設問1，2を通してそこの「地域生活課題」は何であると考えますか。

表7-1　地区視診のガイドライン記入シート

年　月　日　時　分 ～　時　分　天気（　　　　） 地域名（　　　　　　　　　　　）　名前（　　　　　　　　　　　　　）	
項　目	地　域　の　様　子
家屋と町並み （集落・家々の状況）	
広場や空き地の様子 （公園・田畑も含む）	
境界 （自然的・地理的・感覚的境界）	
集う人々と場所 （場所・時間・集団の種類と印象）	
交通事情と公共交通機関 （車・道路・バス・鉄道の状況）	
社会サービス機関 （種類・目的・利用状況・利用者）	
医療施設 （種類・診療科・規模・立地条件）	
店・露店 （種類・場所・利用状況・利用者）	
街を歩く人々と動物 （外見や人々から受ける印象）	
地区の活気と住民自治 （自治会・掲示板・チラシ・ゴミ）	
地域性と郷土色 （産業・特産物・観光名所・祭り）	
信仰と宗教 （寺社・墓地・宗教関連施設）	
人々の健康状態を表すもの （疾患・災害・事故・環境的リスク）	
政治に関するもの （政治への関心・議員）	
メディアと出版物 （新聞・タウン誌・ケーブル TV）	

出所：金川克子・田髙悦子編（2011）『地域看護診断（第 2 版）』東京大学出版，42（一部改変）。

 # 地域を観察するための地域福祉の5つの視点

設問1

> □ **地域を観察する地域福祉の5つの視点**
> 1 ナチュラルコミュニティリソースを発見する
> 2 日常生活行為を福祉に転化する
> 3 地域の潜在力を知る
> 4 地域のつながり方を知る
> 5 地域の包摂力・福祉性の度合いを観察する

　地域福祉実践をするためにはどのような視点で地域を観察するとよいでしょうか。基本的な視点としては，地域生活課題の発見だけでなく，地域住民が活動したり専門職が地域に参加し住民と協働したりする活動を進める条件を探るための地域力の発見が必要です。そして，その地域力の発見は，できていないことの課題の発見を優先するのではなく，地域でこれまでに継続的にできていること，かつてできていたことなどの地域の潜在力の発見を優先します（ストレングス視点とエンパワメント視点）。

　以上の基本的な視点にもとづいて，次の5つの視点で地域を観察してみましょう。これは前章でのコミュニティワークの第一段階で，地域を理解するうえでのまち歩き（フィールドワーク）をする際に留意する地域福祉の視点です。

□ ナチュラルコミュニティリソース（地域にある自然な社会資源）を発見する

　地域で日常生活に溶け込んでいる自然な交流や見守り，助け合いなどのつながりを発見しましょう。たとえば，お茶のみ会，趣味のサークル，ラジオ体操などです。また，祭りなど地域の伝統文化として住民が大切にしてきたことや様々な地域行事などです。福祉目線にとらわれず，あらゆるものを「地域の強み」として再点検してみましょう。地域住民自身は意識していなくても，これらの日常生活の行為が立派な見守りや支え合い，社会参加の場になっていることが多いようです。

　しかし，地域にとっては，これらは当たり前の生活行為ですので，その価値に気づいていない場合もあります。その場合は，専門職の「よそ者」の視点でその発見を手伝いましょう。

□ 日常生活行為を福祉に転化する

　地域の日常的な生活行為が福祉的な資源に転化できるかどうかという視点で

再検討してみましょう。たとえば，犬の散歩をしている地域の人たちに小学校の登下校時に散歩を依頼すると，見守り活動になります。また，当事者が参加し，活用できる資源になっているかどうか（＝アクセシビリティの度合い）も観察してみましょう。たとえば，認知症の高齢者がふれあいサロンや老人福祉センターを，利用できているかどうか，という視点です。

地域の潜在力を知る

　地域の歴史を知ると，地域住民の価値観やニーズの変遷，地域内の力学などがみえてきます。現在の資源の有無や状況だけでなく，「どんな経緯で活動が生まれたのか」や「活動組織が生じた（あるいは生じなかった）要因は何か」，「既存の組織が果たしてきた役割は何か」を地域住民から教えてもらうことは，地域の培ってきた潜在力を知ることにつながります。この力を生かすかかわりが地域のエンパワメントにつながります。

地域のつながり方を知る

　地域住民のつながり方（共同性と協同性）が強い地域は，そうでない地域に比べて課題発見や解決力も高いといえます。このため，地域の権力構造や組織・団体間，特にリーダー同士が協力し連携する関係にあるかどうかをみることが大切です。信頼にもとづいたお互い様のつながり（信頼性・互酬性・ネットワーク）というソーシャルキャピタル（社会関係資本）の視点です。

　一方で，このつながりが保守的で閉じられたものであれば，ニーズを埋もれさせる場合もあります。この点を踏まえたうえで，地域組織・団体と専門職の連携状況もみましょう。

地域の包摂力・福祉性の度合いを観察する

　地域では，障害のある人，生活に困窮する人，一人親で子育てをする人，外国人など，少数者の課題はともすれば見過ごされ，「本人の問題だから」と関心をもたれない，あるいは排除されることが起こります。いくら地域の共同力が高くても，少数者の問題がこぼれ落ちる地域は，めざす福祉コミュニティといえません。基本的人権の保障は地域づくりの前提です。少数であっても，課題を抱える人を地域の一員として迎え入れる福祉的な意識・態度と条件が備わった地域であるかどうかをみる視点はとても重要です。たとえば，あなたが観察する地域の自治会には，これらの人々の生活課題を話し合う場があるでしょうか。

コラム6 　地域の宝物（＝社会資源）の発見方法

　地域に入るときは，街並みから住民の服装，走っている車を見て，"この町はどんな町かしら"と想像することからはじめてみてください。私は，人が集まる場面でさらに五感を働かせて観察します。リーダーが話すときの周囲の表情，活動の内容，信念，一人ひとりの役割，地域の歴史や価値観，関係性などを知ることで，地域に相談したり，働きかけたりする順序や方法がわかります。また，リーダー以外の人の思いも大切です。

　こうして地域を観察すると，個人に"元気の素"があるように，地域にも"元気の素"があることが分かります。それは，地域の自然，学校やお寺・神社などの建物，お祭りや花火イベントなどの行事です。そして，何より世話好きなおばちゃん，子どもの登下校を見守るおっちゃんなど地域の住民です。たくさんの人がほっとしたり，ワクワクしたり，安心できたり，そこに人が集まってきたりといったものが，地域の"元気の素"であり，地域になくてはならない宝物なのです。地域の課題をみる前に，まずは地域の宝物を発見して地域の住民と共有してみてください。

　さぁ，皆さんも地域の宝物を探しに出かけてみませんか。　　　　　　　　　　　　（永坂美晴）

地域福祉実践における地域診断の領域

設問 1・2・3・4

□ **地域福祉実践における地域診断の 4 つの領域**
1　地域特性
2　社会資源
3　地域生活課題
4　地域住民の協同力

　地域診断は地域を対象とする診断です。地域アセスメントとも表現し，第 6 章で解説した「原則的なコミュニティワーク過程」(74頁) の「問題把握」に該当する実践です。そもそも「診断 (アセスメント)」は個別支援，地域づくりを問わず，専門職が対象を個別化する重要な作業です。この診断を間違うと，その後の実践がずれてしまいます。また，地域診断は実践の最初の作業であると同時に実践の全体を通じて行われるものです。医者の診察 (診断) は初診にはじまり治療が終わるまで継続して行われるのと同じです。

　また，地域診断といっても，地域医療，地域保健・看護等その専門領域によっても診断の方法や視点はちがってきます。ここでは，地域福祉実践に必要な地域診断の領域を解説します (第 1 章参照)。

　地域福祉実践として働きかける「地域」の圏域に応じて診断の重点が違ってきます。地域福祉は自治体域の実践ですので，まずは自治体域の地域福祉施策状況を知ることから始めましょう。具体的には市町村地域福祉計画や地域福祉活動計画を調べるといいでしょう (第12章参照)。次に，実践対象の地域を自治会域か小学校区域かなどに限定して診断しましょう。

　地域福祉実践のための地域診断の領域は，「地域特性」「社会資源」「地域生活課題」「地域住民の協同力」に分けることができます (表7-2)。

🗌 地域特性

　「地域特性」とは，地理的状況や人口動態，地域の歴史として形成されてきた産業・経済，政治，文化，教育状況などです (表7-3)。地域を個別化して把握する前提のデータです。詳細に漏れなく把握するというよりも，地域生活課題が発生する背景が何かという視点で，概況を押さえることが大切です。

🗌 社会資源

　社会資源とは，人間らしく生きていくために必要な社会的ニーズを満たすた

表7-2　地域診断の4つの領域

診断の領域	診断の内容
地域特性	地域の特徴・個別性
社会資源	・社会資源の充足状況・連携状況／社会参加のための資源 ・地域住民のつながり・共同性（リーダー，地域組織の連携状況）
地域生活課題	・地域の生活課題（多数） ・地域自立生活ニーズ（個人・少数）
地域住民の協同力	地域住民の主体形成・地域の福祉力の到達度

注：活動の「主体」，「内容」，「課題」に応じ，圏域ごとに把握する。
出所：藤井博志作成。

表7-3　地域特性の内容

1．地理的，地勢的状況（坂道が多い，人口が密集している　等） 2．気候状況（温暖である。冬は豪雪である　等） 3．交通の状況，手段（移動，外出のしやすさ） 4．人口動態，家族形態の状況と推移 5．産業，経済の状況（農村地域，商業地域，住宅地域　等） 6．住民の所得状況（所得水準，被保護率，就業率　等） 7．健康状況（疾病特性，健康診断の受診率　等） 8．政治，文化，教育状況（その地域の歴史，住民の政治意識や議員の政党別構成，文化・娯楽施設の状況，教育方針・宗教　等） 9．その他

出所：藤井博志作成。

めのあらゆるものです（第11章参照）。ここでは，2つの診断が求められます。

　1つ目は地域生活課題に対する社会資源の充足状況や社会資源間の連携状況です。主には公的な社会福祉施策であるケア・サービスなどです。2つ目は地域住民や地域組織のつながりの度合いの状況です。特に地域福祉では，フォーマル・インフォーマルにかかわらず，社会参加のための社会資源の充足状況や相互のつながりをみることが大切です。なぜならば，地域福祉の実践方向が「孤立や排除からの地域のつながりづくり」と「誰もが孤立や排除されない地域づくり」にあるからです。それは一言でいえば，社会参加が目的といえます。

　したがって，この社会参加の状況は以上の2つの視点での社会資源状況を調べる必要があります。たとえば，地域行事に当事者も住民として参加できるかどうかという視点です。デイサービスというフォーマルなサービスがあるかどうか以前に，一人の住民として参加できる資源が地域にあるかどうかが大切です。一方，一般の地域住民も地域の何かの役に立ちたいという地域への参加・貢献ニーズをもっています。子ども見守りのパトロール活動やボランティアグループ，小地域福祉推進組織も社会参加のための資源といえるでしょう。

　また，同時にこの二つを満たす社会資源としては，ふれあいいきいきサロンなどの居場所が最もわかりやすいといえます。このように，当事者と地域住民の双方の社会参加ニーズを満たす資源が地域共生社会を推進していくための重要な資源となります。この2つ目のつながりの状況の把握は社会関係資本（ソーシャルキャピタル）として，「地域住民の協同力」の診断と関連します。

◻ 地域生活課題

　地域生活課題は一般の生活課題と福祉課題の2種類が含まれている表現です。

　生活課題とは，多数の課題を福祉のまちづくりとして進める課題です。地域の健康問題や一人暮らし高齢者の問題，子育てや子どもの安全の問題など，多くの地域住民が認知する課題です。

　一方，福祉課題とは，一般のまちづくりからこぼれやすい個人または少数の福祉課題への対応として進める課題です。様々な原因で引きこもる若者の問題，認知症高齢者や障害児者の生活課題です。

　以上の2つの課題は地域社会の多数の問題と少数の問題という視点からは両極にある問題ですが，現代では一般の生活課題の広がりとともに，福祉課題がより深刻化する傾向にあります。たとえば，高齢者の移動支援の問題は，かつては特定の福祉課題でしたが，現在のオールドニュータウンや過疎地域では一般の生活課題として広がっています。一方，福祉課題を抱える高齢者は社会福祉制度内の特別な暮らしとして，地域の課題から取り残され，その地域からの孤立状況は解消されていないかもしれません。

　なお，法律上では，社会福祉法第4条第2項で地域生活課題について規定しています（176頁）。

◻ 地域住民の協同力

　社会資源の項目で把握した地域住民・地域組織のつながりや連携状況（コミュニティリレーション）から生み出された地域住民の協同力を，地域福祉では「住民の主体力」や「地域の福祉力」として説明しています（第5章61頁）。

　一般に地域診断では，地域生活課題とそこから生じる生活ニーズを診断します。しかし，地域のつながりの希薄化が進み，社会的孤立や制度の狭間の問題が山積している状況では，社会関係資本の視点にもとづく地域住民の協同力や問題解決力を高める地域づくりのための地域の福祉力の診断が重要です。具体的な診断項目は地域の福祉力の4つの力の形成度合いです（第5章56頁）。

　この診断には，コミュニティワークやコミュニティ・オーガナイジングの実践理論から，地域の人権意識のレベルや差別構造や権力構造を含む地域社会構造の分析視点を学ぶことが大切です。また，地域住民の協同力には，地域外の社会資源を地域に引き入れる地域の開放的な姿勢も含まれます。とくに地域福

社実践では地域自体が専門職と協働できる力が問われます。その観点からは，①専門職（私）が地域から受け入れられているか，②専門職（私）と住民リーダーの関係はどうか，③住民リーダーは地域からどうみられているかという，「専門職（私）」と「住民リーダー」と「地域」の3者の関係を観察することも必要です。

 地域組織を診断する6つの視点

前節で説明した地域住民の協同力には地域意識や地域風土が影響しますが，具体的には協同する基礎単位である地域組織の診断が重要になってきます。

地域には様々な組織やグループがあります。それらが，地域福祉活動を担う組織になれるかどうかは，次の6つの視点で診断します。

◯ 地縁型とアソシエーション（テーマ）型

1点目は地縁型かアソシエーション（テーマ）型のどちらの特性が強い組織かを診断する視点です。地理的範囲で結ばれる地縁型組織の特性は，住民の地域への愛着度によってその活動が規定されます。また，利害関係を共有すると同時に，多様な価値をもつ住民の集団であるので，合意形成には時間を要します。一方，アソシエーション型組織は活動テーマにもとづく集団であるので，専門的であり意思決定も比較的早く，必ずしも地理的範囲に限定されません。しかし，地縁型のような網羅的な機能ではなく単一の機能であるという限界があります。アソシエーション（テーマ）型は，福祉分野ではボランティア型と当事者組織型に分けられます。（第6章）。

◯ 地域の代表性

2点目は地域の代表性を有しているかどうかです。地域の代表性とは，その地域住民の参加の度合い，行政等の外からの認知という，内と外の関係から成立する権限といえます。一般に自治会や町内会，住民自治協議会等がその代表といえます。

◯ 福祉性と当事者性

3点目は福祉性や当事者性を尊重する視点です。地域福祉は福祉土壌の形成を重視するので，この視点は最も重要です。アソシエーション型として共通関心によって結成される福祉グループなどは，この点がすでに了解されています。地縁型の地域代表グループは，地域運営に直接的に影響しますので，福祉性や当事者性の2点が重視されているかどうかという診断は重要です。

◯ 活動の圏域と内容

4点目はグループが活動する圏域と活動内容の関係をみる視点です。たとえば，高齢者の見守り活動やふれあい・いきいきサロンなどのボランティア活動

は自治会域が進めやすいといえます。

◯ 組織運営の透明性

　5点目には運営規程の有無など組織の意思決定の透明性の視点です。地域の仲間としてのつながりに依拠し，活動ルールを文面化しない仲間集団があってももちろんかまいません。しかし，ある一定の活動資金が確保され社会的活動が展開されるような組織にあっては，その組織への参加と決定の民主的なルールが明確になっていることが参加層を広げる重要な要件となります。

◯ 活動財源の自律性

　6点目は活動財源の自律性に関する視点です。組織の参加性や自律性の高さは活動財源の確保の方法やその額に反映されます。さらに，活動財源の確保と使途のあり方は，組織や活動の持続性と直結します。今日の地域づくりで着目されているのは，地域での小さなしごと（コミュニティビジネス）づくりです。単身化が進む地域社会では生活の困りごとを「小さなしごと」として支え合うとりくみが求められています。それが，高齢者，障害のある人，ひきこもりの方々の役割づくりにもつながります。地域組織がこれらの「しごと」を地域づくりの一環として担い，財源を確保することは，地域外の外部資金の導入を可能にすることにもつながります。

　以上の6つの視点を満たす単一の組織があればいいというわけではありません。2点目の地域の代表性を重視すれば，地域団体の代表者で構成される組織になりがちですが，それでは日常的な活動としての見守り活動は進みません。
　日常型の地域福祉活動を活発にするためには，個人資格で参加できる組織づくりが必要です。したがって1点目の地縁型とアソシエーション型の長所を組み合わせた地域組織づくりの工夫も必要になってきます。
　地域組織間でそれぞれの長短が相互に理解される中で連携が生み出され，協同力が高まることが重要です。

④ 地域診断の方法

　地域福祉実践のための地域診断の方法については，①総合アセスメント型，②日常活動からの発見型，③パートナーシップ型・住民主体型の 3 つのタイプに分類できます。

☐ 総合アセスメント型

　総合アセスメント型は行政や専門機関が調査し，それを分析してアセスメントすることです。これは，計画化や施策化（総合計画や地域福祉計画等の各種の福祉計画策定）において重要です。方法としては，個々の課題を集積し集合化する方法や，各領域の社会指標に基づくデータの収集から総合的に検討する方法があります。しかし，そのような広範なデータから地域生活課題を抽出する作業は，事業所や機関単位の現場では難しく，限定的にならざるをえません。

☐ 日常活動からの発見型

　日常活動からの発見型は実践現場にとって最も実際的な方法かもしれません。日常の実践における専門職の直感や見立てを職場内で話し合い，その裏づけを取る診断方法です。しかし，この方法では専門職の思い込み（主観）が入ります。したがって，職場の仲間や地域ケア会議などで問題意識のすり合わせと共有化の作業が必要です。その一致した課題を根拠づける関連したデータを集めて，専門職の直感や見立てに客観性をもたせることが大切です。

☐ パートナーシップ型・住民主体型

　パートナーシップ型は専門職と住民との協働による診断です。この方法を保健・看護分野では「コミュニティ・アズ・パートナー」と呼びます。さらに，地域生活課題の解決に向け，住民主導で診断する方法が住民主体型です。福祉分野ではコミュニティワークやコミュニティオーガナイジングと呼びます。

　とくに住民主体型は住民が介在して地域生活課題を見出し，協同で解決に向かうための診断方法です。専門職が発見・整理した課題を住民に持ち込んだとしても，住民はすぐに "何とかしよう" とはなりません。専門職の分析とは違い，地域住民は生活全般の多様な課題の中で，合意を取りながら活動の優先順位を決定するからです。また，専門職が専門性をもって発見できる課題がある一方，生活者である地域住民でしかみえない社会資源や生活課題があります。以上の観点から，地域福祉の診断の方法は住民主体型，住民と専門職のパート

ナーシップ型によるものが望ましいでしょう。

◯「フィールドワーク・対話」という調査方法

　調査の方法は個別インタビューやグループインタビュー，KJ法などの質的調査と質問紙調査などで統計的に実態を明らかにする量的調査があります。

　さらに，コミュニティワークを中心とした地域福祉実践では，地域に入るフィールドワークと対話を重視します。専門職は地域に入り，地域の様子を観察するとともに住民（リーダー）との対話の中で，地域や住民への理解と住民からの学びを深めます。一方，住民は専門職との対話を通じて，本来の願いが呼び起こされたり新たな気づきが得られ，住民同士の目標の合意などが促進されます（第6章）。このように「対話」とはお互いの変化に影響を与えながら相互の理解を深める行為です。

■第8章■

地域住民と協働してつくる活動・事業の視点と方法

本章で学ぶこと —————————————————————

□ 地域向け活動・事業の３つの視点を理解する

□ 地域住民が自主的に運営する活動の発端と５つのＰを理解する

□ 活動組織（運営主体）のタイプ別アプローチを理解する

地域住民が参加する活動・事業の運営

地域住民と協働して地域向けの活動・事業を進めるうえでの基本を学びます。次の事例を読んで，設問について考えましょう。

> **事　例**
>
> 　永坂町を担当する地域包括支援センターの長谷川ワーカーは悩んでいました。行政からの委託で介護予防教室を開催することになり，年12回開催の予算がついたのですが，どのように開催しようか…。
>
> 　悩んだ長谷川ワーカーは，介護予防教室を「ニコニコ健康教室」と銘打ち，永坂町で毎月開催することをまちづくり協議会会長の勇太郎さんに提案し，賛同を得ました。場所は町外れのコミュニティセンターを借り，地元の医師会にも協力を得て，病気や介護，認知症のことを取り上げることになりました。地域包括支援センターが作成したチラシをコミュニティセンターのセンター長に届けると，各自治会長に届けられ回覧されます。
>
> 　「ニコニコ健康教室」は，地域の開業医が講師を務める最初の1年は順調でした。でも，医師が来なくなると参加者が減ってきました。そのうえ，チラシが届くのが遅いと自治会長から苦情が舞い込むようになりました。テーマも1年するとネタ切れになり，講師の選定・依頼で長谷川ワーカーは四苦八苦するのでした。また，参加者はいつも決まった人ばかり。それも介護予防にほど遠い元気なボランティアの愛子さんたちが義理で参加しているようでした。
>
> 　2年目の年度末，とうとう勇太郎さんから「長谷川さん，次年度はコミュニティセンターでの『ニコニコ健康教室』はやめよう。国道を渡ったり，坂をのぼったりしてまで来る人はいないよ。コミュニティセンターの階段もしんどいわ。場所を変えて地区公民館で開催しよう」と言われました。永坂町には5つの自治会があり，6つのボランティアグループがあります。どのグループも自治会と同様，高齢化が進んでいました。自治会も担い手不足に悩んでおり，行事やイベントには積極的ではありません。
>
> 　こうして，「ニコニコ健康教室」は，翌年から公民館で開催することになるのですが，それでも徐々に人が減り，集まるのはボランティア中心，地域住民は数人程度です。地域包括支援センターが独自の健康体操を開発し披露すると，大いに盛り上がり「体操をしよう！」と声が上がるのですが長続きせず，参加者は増えません。場所が悪いのか？　テーマの問題か？　と長谷川ワーカーは悩みます。一番人が集まったのは「認知症」と「葬式」をテーマにした教室でした。健康教室なのに一番人気は葬式か。長谷川ワーカーはいったいどうすればよいのかわかりません。

□ 設問1

「ニコニコ健康教室」の参加者が減ってきたのはどうしてでしょうか。その理由と課題を考えてみましょう。

□ 設問2

「①教室開催までの段取りや過程（プロセス）」，「②『ニコニコ健康教室』という活動（プログラム）」，「③教室の運営主体」という3つの点で課題がなかったでしょうか。設問1であげた課題が，3つの枠組みのどれに該当するのか分類してみましょう。

□ 設問3

長谷川ワーカーはどうすればよかったのでしょうか。改善点を考えてみましょう。

1 地域住民と協働してつくる活動・事業の留意点

設問1・2・3

> □ 地域向け活動・事業の3つの視点
> 1 過程（プロセス）
> 2 活動・事業（プログラム）
> 3 活動組織（運営主体）

　地域での活動・事業は，専門職が地域生活課題にもとづいて企画する活動・事業と，地域住民が自発的に立ち上げる活動・事業と2つのパターンがあります。また，前者に住民が運営参加する形態や後者の立ち上げに専門職が支援する場合などがあります。ここでは双方のアプローチをとりつつも，最終的には地域住民の活動・事業になるための専門職のかかわり方を，「過程（プロセス）」，「活動・事業（プログラム）」，「活動組織（運営主体）」の3つの視点から解説します。

□ 活動・事業の立ち上げや運営の過程（プロセス）の視点

　地域福祉では，活動・事業の実施を通して地域住民の主体性が高まったかどうかを，最も重視します。専門職には，地域住民の主体性が育まれるようプロセスを地域住民と一緒に歩む姿勢が求められます。

□ 活動・事業（プログラム）の視点

　事例の場合，「ニコニコ健康教室」がプログラムです。「ニコニコ健康教室」は永坂町の"住民のもの"ではなく，"地域包括支援センターの事業"でしかありませんでした。地域住民が自分たちのものだと感じられる活動・事業づくりが大切です。

□ 活動組織（運営主体）の視点

　事例では，教室の運営主体は地域包括支援センターで，協力した地域側の主体はまちづくり協議会でした。地域には様々な集団があります。どの集団を主軸にするのかを見極めることが大切です。なお，活動組織は一つだけでなく，ネットワーク，システムなど複数組織の集合体である場合もあります。

　次節からは，ここで紹介した3つの視点ごとに詳しくみていきましょう。

解説9　活動・事業の評価の視点

　地域福祉の活動・事業では，住民の参加の度合いや民主的な運営といったプロセスを重視しますが，活動・事業の評価はそれだけではありません。

　一般的には，プロセスに加え「インプット」，「アウトプット」，「アウトカム」を評価します。インプットとは，活動・事業に必要な資源を指します。ニコニコ健康教室を例にとれば，教室開催の予算や講師，会場です。アプトプットとは，活動・事業による具体的な成果物や実施量を指します。ニコニコ健康教室の参加者数や講座回数です。アウトカムは，活動・事業を通した効果です。健康教室によって健康度が上昇したり，地域活動に参加する割合が増えたりといったことで，費用対効果も含まれます。近年は，活動・事業を通した中長期的な変化をみるインパクト評価も注目されています。専門職としては，プロセスを重視しつつ，インプット，アウトプット，アウトカムといった観点からも評価し，成果が生まれるプロセスづくりへの働きかけを忘れてはなりません。　　　　（荻田藍子）

過程（プロセス）において地域住民を外さない

設問1・2・3

> ☐ 主体性を高める過程（プロセス）支援
> 1 地域住民のグループ化を支援する（組織化）
> 2 地域住民の参画と協働を支援する
> 3 当事者・少数者の意見の表出を支援する

　前節で学んだ地域向け事業の３つの要素の１つ目である，コミュニティワークの過程（プロセス）には，「地域との信頼関係づくり」を経て，「立ち上げ支援」と「運営支援」という段階があります（第6章参照）。専門職には，活動の立ち上げだけでなく，継続や発展に向けて必要なかかわりを担うことが求められます。何かあれば相談に応じる関係を築いたり，必要に応じて活動の振り返りの場を呼びかけたり，活動者が息切れしないよう，つかず離れず見守るといったかかわりです。

　いずれにしても，最終的には地域住民が活動・事業を自分たちのものにしていくことを目標にします。そのための専門職の支援には，大きく次の３点があります（図8-1）。

☐ 活動・事業を運営する住民のグループ化＝活動主体の組織化

　１つ目は，活動・事業を運営する地域住民のグループ化を支援（組織化）します。第6章で学んだコミュニティワークの実践過程の第１段階と第２段階です。課題に関心を寄せる住民等が集まって，"こうなればいいな"というビジョンや課題を共有し，話し合うことを支えます。

　事例では，まちづくり協議会会長の勇太郎さんに個別に相談するだけでなく，ボランティアグループにも呼びかけ，地域の関係者同士が活動を相談する場づくりを働きかけていれば，そこから活動主体や活動を支える主体がつくられていたかもしれません。

☐ 企画・実行・評価・改善への住民の参画・協働

　２つ目は，企画段階からすべての過程に住民の参画を得るということです。専門職が一方的にニーズ分析し，住民向けの事業を実施すれば，住民は利用者にとどまり，主体的な参加は望めません。

　専門職が客観的に必要だと思うことでも，専門職の仮説として住民に押し付けず，それが地域住民の望みや想いに沿っているプログラムかどうかを住民リ

図8-1　専門職による地域活動主体への支援

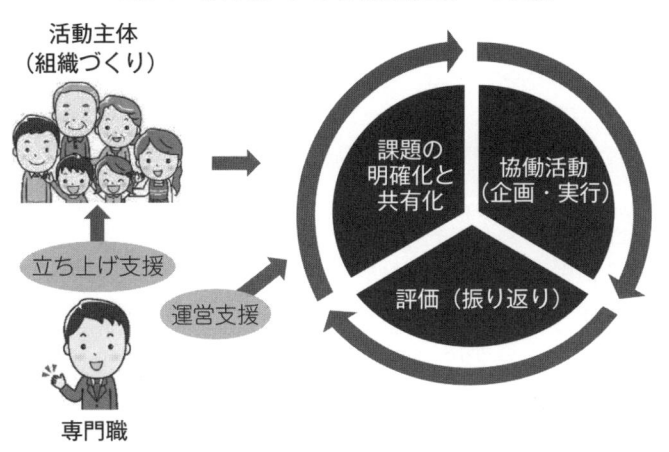

基礎的活動：知る／学び合う／担い手をつくる／知らせる／話し合う／ビジョンをつくる

出所：藤井博志作成。

ーダーに相談し，一緒に企画・実施するプロセスが大切です。このプロセスを経なければ，活動・事業への住民の協力・参加が得られたとしても一時的なものにとどまります。また，活動・事業の実施後，評価し改善していく過程も住民が主体となって運営できるよう支えます。

☐ 当事者・少数者の意見の表出を支援

　３つ目は，当事者・少数者の意見の表出を支援することです。大多数の住民だけで決めるのではなく，生活のしづらさを抱える当事者の意見が反映できるプロセスも重要です。

　事例の場合も，足腰の弱った高齢者の意見を聞く場があれば，開催場所や内容が変わっていたかもしれません。声をあげにくい住民層の意見をくみ上げる力を地域が蓄積していくためのかかわりも，専門職の支援のポイントです。

 活動・事業（プログラム）はニーズだけで組み立てない

設問 1・2

□ **地域向け活動・事業を考える４つの視点**
1 地域生活課題・ニーズ＝必要性
2 地域住民の参加の意向＝自発性
3 地域住民にとっての取り組みやすさ＝日常性・技術性
4 地域住民にとっての効果＝具体性・波及性
□ **住民が運営する地域活動の６つの分析視点**
1 活動が起こった発端
2 過程・歴史
3 目的・思い
4 活動
5 場・拠点・エリア
6 担い手・組織・財源

　前節で学んだ地域向け活動事業の３つの視点の２つめである住民と協働した地域活動・事業の立案段階では，専門職が重視する客観的な地域生活課題（ニーズ）だけでなく，**図8-2**にみるような多面的な把握が必要です。つまり，「活動主体の選択」（＝活動組織の形態）と「活動プログラムの選択」（＝活動内容）が合致しているかを重視します。**図8-2**の①は客観的な地域生活ニーズです。一方，②，③，④は地域リーダーが配慮する地域住民の意識です。①～④について，事例に即して説明します。

□ **地域向け活動・事業を考える４つの視点**
　① 地域の生活課題・ニーズ＝必要性
　地域での活動・事業をはじめる際の視点の１つ目は，地域の生活課題にもとづく企画・実施です。専門職は，業務上で把握した地域生活課題にもとづいて活動・事業を企画します。しかし，地域住民はそれだけで活動・事業を立ち上げようとはなりません。なぜなら，専門職にとっての活動・事業は仕事としての限定的なかかわりですが，住民にはそれが日常生活と直結するからです。
　住民が主体となった活動・事業を支援する際には，専門職は次の②～④の視点をもつ必要があります。
　② 地域住民の参加の意向＝自発性
　２つ目の視点は，住民の参加の意向（＝自発性）です。つまり，住民が参加したいと思える活動・事業になっているかどうかという視点です。もちろん，専

図8-2　活動主体と活動プログラムの選択の関係性

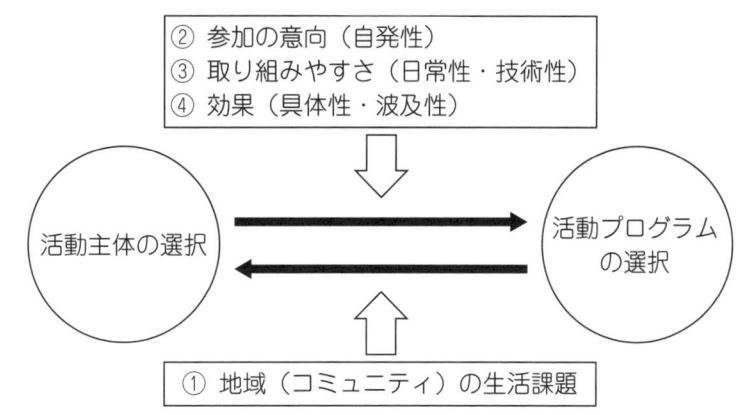

出所：平野隆之（2003）『実践プロセスからみた地域福祉援助技術』高森敬久
他『地域福祉援助技術論』相川書房，169。

資料8-1　ビル・リーの5つの活動視点

> 　次の（　　）の中に，地域の活動・事業を入れて点検してみよう！
> 1．（　　　　　）の企画，実施の過程でリーダーは育っているか
> 2．（　　　　　）はコミュニティの文化にあっているか
> 3．コミュニティは（　　　　）を自分のものと感じているか
> 4．（　　　　　）はもっとも必要とされている活動だろうか。他に効果的，効率的な活動はないか
> 5．（　　　　　）は住民が達成できる（成就感のもてる）活動だろうか

出所：ビル・リー／武田信子・五味幸子訳（2005）『実践コミュニティワーク』学文社，を改変。

門職が把握する課題を地域の中で共有していくことは大切ですが，それに加えて住民がどのような活動に参加したいと考えるのかを把握することも必要です。

③　地域住民にとっての取り組みやすさ＝日常性・技術性

　住民にとっての取り組みやすさも考慮しなければなりません。住民だけで運営することが難しい活動・事業は，たとえ必要性が高くても抵抗があるかもしれません。たとえば「ニコニコ健康教室」のように講師を招いた教室開催の経験が永坂町の地域住民に少ない場合，これを地域活動として日常的に開催することは難しいでしょう。

④　地域住民にとっての効果＝具体性・波及性

　地域住民にとっての効果も外せない視点です。具体性・波及性と言い換えてもいいでしょう。その活動・事業を実施することで，地域にどんな波及効果があるのか。たとえば，「ニコニコ健康教室」をきっかけに，健康に関心のある住民グループが立ち上がるとか，地域活動に参加する住民が増えるなどの効果です。

　住民自らが発案した活動・事業であれ，専門職側からの働きかけによるものであれ，最終的には住民のものにならなければ活動・事業は継続されません。ビル・リーの5つの活動視点（**資料8-1**）は，活動・事業が地域のものになって

いるかどうかを点検する項目として有効です。地域で進める活動・事業をあてはめて点検してみましょう。

◻ 住民が運営する地域活動の6つの分析視点

　地域向けの活動・事業を住民と協働して企画するとき，住民がすでに継続している地域活動を分析することが大切です。それでは，地域活動を分析する要素は何でしょうか。ここでは，「活動が起こった発端」+「5つのP」を6要素（図8-3）として説明しましょう。

◻ 活動が起こった発端

　地域福祉活動の起こりには，その当時の地域生活課題やそれまでに取り組んできた地域活動の積み重ね，活動への思いなど，現在の活動の「5つのP」のエッセンスが集約されています。それを知ることが，現状理解や今後の方向性を明らかにすることに役立ちます。

◻ 5つのP

① 過程・歴史（Process）

　地域福祉活動の中でも10年以上の継続性をもつ活動は，地域の歴史として知っておく必要があります。活動が起こった発端から，どのような変遷を経て今日に至っているのかという，活動の過程・歴史を理解することは，その活動を理解するだけでなく，他の地域活動との関連やそれらを担ってきたリーダーや組織の理解につながります。

② 目的・思い（Purpose）

　活動は，目的・目標の明確化とそれに合致した活動内容になっているかの確認が必要です。たとえば「ニコニコ健康教室」という介護予防では，外出して集うという社会参加が目標となります。したがって，「自宅から出る」「人とつながる」という要素が目的・目標の一つに入っていることが大切です。また，目的・目標が現在の地域生活課題に対応しているかをみるだけでなく，リーダーやスタッフ，参加する地域住民の，そのプログラムへの思いを知ることが大切です。

③ 活動（Program）

　活動にはその内容だけでなく，参加者，活動頻度，参集エリア，送迎の必要の有無，開催までの段取りなどの活動設定の運営までを含みます。

④ 場・拠点・エリア（Place）

　地域活動は互助活動が基本ですので，参加者がつながれる場づくりやそれに適した拠点の確保が必要です。拠点は地域組織が保有する拠点だけでなく，公共施設の柔軟利用や民家活用，一般商業施設の活用などが期待されます。

図8-3　地域福祉活動の6つの要素

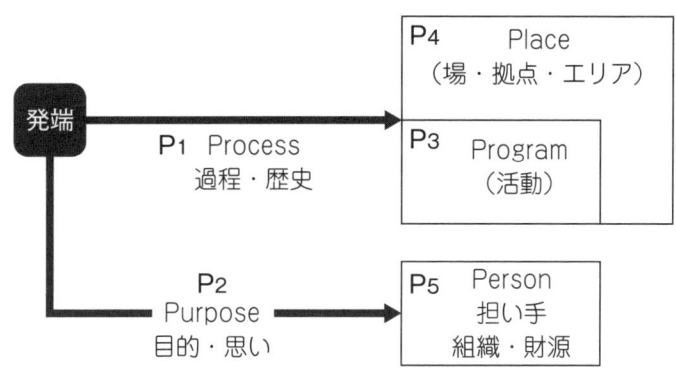

出所：藤井博志作成。

　また，それらの拠点配置は参加者の属性と圏域を意識した工夫が必要です。たとえば，後期高齢者なら徒歩10分以内の距離，児童なら小学校区圏域を意識した活動が求められます。

⑤　担い手・組織・財源（Person）

　地域福祉活動は生活の中にある活動のため，持続性が求められます。活動を運営するリーダー，メンバーと，その組織や活動を維持する財源のあり方を確認します。

　なお，多くの地域活動者の悩みは担い手の確保です。これには4つの視点での分析が必要です。1つ目は，担い手も生活のリズムの中で行える運営がされ

コラム7 🏠　活動を地域に持ち込んだときの失敗談から

　市地域福祉活動計画に「地域探検隊」という活動を位置づけ，数年かけて各地域に活動を普及することになりました。この活動は，防災をテーマに，自治会の関係者や子どもたちが地域を歩いて防災ポイントを確認することで，防災と地域に関心をもつとともに，世代間の交流を図ることをねらいとしていました。

　私の担当地域でも，過疎や少子化といった理由から「交流の機会が減ってきた」という声がよく聞かれていたので，ある自治会に地域探検隊の実施を打診し，役員会で説明をする機会をいただきました。この地域では，住民主体の熱心な取り組みが活発に行われています。しかし，私の説明を聞いた役員からは，「自治会の行事や共同作業の負担も増えているのに，どうしてそんなことをしないといけないのか」「ここは浸水しない地域だから大丈夫」などの意見があり，結局，取り組みにつなげることができませんでした。

　この一件で，私は地域の意見を聞かずにプログラムを押し付けていたことに気づきました。住民自身の取り組みにするにはどうしたらいいのだろうと考え，もう一度地域の動きに目を向けました。すると同じ時期に，地域の自治会ではなく，まちづくり協議会が，歴史や文化をテーマにしたまち歩きを企画されていることがわかりました。地域探検隊でねらいとしていたことは，まちづくり協議会の取り組みを支援することによって進めることにしました。

（井上義幸）

ているかどうか。2つ目には，新たな担い手をつくる発想ではなく，メンバーの地域関係の中で，広がっているかどうか。3つ目には，担い手，受け手の境を限りなく外した活動内容になっているかどうか。4つ目は，若い層や就業している層が参加しやすい運営の工夫がされるかどうかという視点です。

4 活動組織（運営主体）のタイプ別に アプローチを考えよう

設問1・2・3

　第1節で学んだ地域向け活動事業の3つの視点のうち，「活動組織（運営主体)」について解説します。活動を運営する主体となる組織には大きくは「地縁型」と「アソシエーション型」があります。

　第7章93頁で紹介した地域組織を診断する6つの視点にもとづき，特徴を踏まえた働きかけを考えなければなりません。

　事例で言えば，健康教室やサロンといった日常的な活動であれば，町内のボランティアグループに相談していれば，はじめから教室にかかわってもらうことができたかもしれません。

　地域住民といえば，専門職は自治会長や地域組織の役員など，地域の顔役といわれる住民を思い浮かべがちです。もちろん，そうした人々は地域のことをよく知る心強いパートナーです。しかし，地域づくりを進める主体は，地縁型組織のリーダーだけではありません。民生委員・児童委員をはじめとするボランティアや地域のことをよく知っている世話焼きさん，そして当事者も地域づくりのパートナーとして，つながりをつくるように心がけてみてください。

コラム8 🏠　地域へ一歩踏み出そう──私の地域への入り方

　地域に入るとき，地域住民は私のことを「どのように見ているか？」を考えます。地域住民にとって専門職は「何をしているのかわからない人」なのが一般的です。そもそも何をしているかわからない人との協働は難しいことです。

　まずは地域住民に理解してもらうために，「人と人」としてつながることを大切にしています。「普通の人」である私と，「普通の人」である地域住民が，「普通の付き合い」をするということです。私自身が地域住民にとって「普通の人」であれば，私がかかわっている「障害のある人」への特別な感情は次第に薄れてきます。たとえば，一緒にランチに行く，飲みに行く，地域の行事に参加する，事業所に来てもらう，提供するサービス以外でも困ったときは相談に乗る等，日常的にかかわりをもつ中で，障害者や認知症高齢者と地域住民が普通に交流できる場づくりにつなげています。

　私はよく地域住民に「今は仕事中？」と聞かれます。そのくらい普通に地域に入っています。

（小椋智子）

コラム9 🏠　住民と協働するワーカー8つの極意

　地域に入り住民と協働するための姿勢に関する原則は2点あります。1つは，専門職が地域を巻き込むのではなくて，専門職が地域住民の生活の場に入れてもらうという姿勢です。もう1つは，生活者としての地域住民の力を信じ切るという姿勢です。この2つの原則をもとに，地域にかかわる社会福祉専門職にその実践経験から8つの極意にまとめていただきました。

① 　住民は地域での生活のスペシャリスト。専門職はスペシャリストにお願いする気持ちをもとう。
② 　住民から活用されるに値する人間になろう。住民は専門職の使い方を知っている。
③ 　住民リーダーはとてつもない重圧と責任を感じて活動している。職業人である専門職や行政が保身で答えることだけはやめよう。
④ 　専門職にはない住民の力は，「平気でこじあける」「おせっかい」のチカラ。専門職は住民の力を信じて頼りにしよう。
⑤ 　いざという時に，住民から最後の砦と思ってもらえる専門職になろう。
⑥ 　住民と協働できるワーカーの一歩は，地域に呼んでもらえるようになること。地域の集まりや座談会に顔を出して，話を聞かせてもらって，地域課題を一緒に見つけること。
⑦ 　正解を出してあげるのが専門職ではない。正解は住民がつくる！　何とかしようとする住民と一緒に悩み，一緒に考えよう。
⑧ 　専門職が欲しい情報を住民から一方的に集めない。情報は，必ず双方向にしよう。

（藤井博志）

出所：兵庫県社会福祉協議会　小地域福祉活動実践研究会（2012）『見守り活動サポートブック』17を，一部変更。
＊同書は兵庫県社会福祉協議会のホームページ（調査研究・政策提言）よりダウンロードできます。

第9章

地域づくり支援の
プロセスを構造的に
把握する

本章で学ぶこと ──────────────────

□ 地域づくり支援プロセスの複線思考を理解する

□ プロセスチャートの描き方を理解する

□ プロセスチャートを活用して地域支援プロセスの全体構造を理解する

演習 10 ♪

住民主体の地域づくりプロセスとその支援

　この単元では，住民主体の地域づくりを支援する実践的なプロセスを理解します。次の事例を読んで設問について考えましょう。

事　例

発達障害をもつ子どもと親のつどい場の立ち上げ

　社会福祉協議会（社協）に1本の電話がありました。「発達障害をもつわが子の行き場がない」「何度も就職にチャレンジしたけど，うまくいかない」という内容で，子どもの将来を考え抜いた相談でした。

　この切実な相談に何とか応えたいと考えた社協コミュニティワーカーの井上ワーカーは，相談支援専門員の足立ワーカーに相談しました。すると，同じような課題を抱えるお母さんたちが他にもいて，みんな悩んでいることがみえてきました。そこで，井上ワーカーは，愛子さんと足立ワーカーの協力を得て，ともこさんを含めたお母さんたち，愛子さんらボランティア，市内障害福祉事業所，行政が参加する「協働ミーティング」（注）を開催しました。ミーティングでは，「子どもの将来がみえなくて不安だ」，「放課後の行き場がない」といった声がお母さんたちから次々にあがりました。3か月で3回の協働ミーティングを開催した結果，包括的な相談窓口の設立を行政に要望することが決まりました。また，発達障害をもつ親と子が集まれる「つどい場『ほっと』」を立ち上げ，当面の運営を障害者相談支援事業所と社協がサポートすることになりました。

地域住民による課題への気づきと共感―地域ボランティアグループの結成―

　その頃，永坂町まちづくり協議会は，社協と地域包括支援センターと共催し，「シニアボランティア講座」を開いていました。この講座は，家に閉じこもりがちな男性シニア層の地域活動のきっかけとして企画されたものでした。講座では，受講者がまち歩きをして地域を調べ，グループを組織しようとしていました。

　何度目かの講座でのことです。ある受講者が，「地域で役に立てることって何かな。井上さん，何ができるかな」と投げかけたので，井上ワーカーは協働ミーティングでのお母さんたちの悩みを話しました。地域包括支援センターの長谷川ワーカーも，「高齢者宅を訪問すると，ひきこもりのお子さんと同居している家庭があって，前から気になっています。親御さんもずっと悩んできたけど，誰にも言えなかったのかもしれません」と話をしました。受講者たちは子どもの将来を心配する親の気持ちに強く共感し，「子どもを育ててきた一人の親として放っておけない」「そういえば，年寄りの集まるところはあるけど，若い人が集まるところがないねぇ」と話しはじめます。

　そこで井上ワーカーは，障害がある，なしにかかわらず，ひきこもりがちな子ども

や若者が社会と接点をつくる場所がつくれないだろうかと，受講者らに持ちかけました。すると，受講メンバーは，「気軽にお茶が飲めて話ができるカフェのような場ができないかな。そこで働ける子がいるかも！」，「商店街振興組合に空き店舗が使えないか聞いてみようか。集会所よりカフェらしくて，来やすいよね」とワイワイ話し合いはじめました。この日をきっかけに，受講メンバーを中心としたシニアボランティアグループ「アクティブ永坂」が立ち上がりました。

地域にあるもう一つの家

　「アクティブ永坂」結成後，メンバーは商店街振興組合との交渉やまちづくり協議会役員も参加する打ち合わせを精力的にこなしました。行政の補助を得て空き店舗の利用が決まった頃，「本当に運営できるのかな」という声が「アクティブ永坂」のメンバーから出てきました。

　そこで，井上ワーカーはつどい場「ほっと」代表者と相談支援専門員の足立ワーカーに相談し，親の数名と「アクティブ永坂」の意見交換会の開催を持ちかけました。意見交換会では，親以外に長く付き合ってくれる人がいてほしいという切実な声が出ました。これを聞いた「アクティブ永坂」のメンバーは，「利用する人が少なくても，自分のペースでいつでも通える場を無理なく続けよう」と決め，カフェの開設に踏み切りました。お母さんの1本の相談から1年後のことです。

　さらに，そこから2年が経ちました。カフェでは，「アクティブ永坂」のメンバーと引きこもりがちな若者7名が，調理やウェイトレスを担っています。3年前に社協に相談をしたお母さんのお子さんもいます。カフェは，周辺地域から歩いてくる高齢者の居場所にもなっています。ここで提供される手作りうどんを楽しみに，“マイドンブリ”を持って通う常連の高齢者がいます。専門職も，カフェの常連です。カフェでワイワイと話をする中で情報交換が進み，最近は住民からの相談が舞い込むようになってきました。来月からは，買い物に不便な思いをしている高齢者のために，カフェの若者たちが買い物支援をはじめます。「アクティブ永坂」主催の住民向け介護講座もスタートします。これは，高齢者を接客する若者が，「将来はヘルパーになりたい！」と夢を語ったのがきっかけです。

　はじめは困惑していたまちづくり協議会の勇太郎さんは，いまや宣伝マンです。「うちには住民みんなのもう一つの家があるんだ！」。

注：協働ミーティング：本事例における社協の協働手法で，特定の課題が出てきたときに関係者が随時に集まり話し合うプラットフォームとしての協議・協働の場。

☐ 設問1
　事例を読んで，プロセス・チャート（123頁参照）を作成してみましょう。

☐ 設問2
　「アクティブ永坂」結成とその後の活動まで，地域住民が主体的に動いたのはどうしてでしょうか。考えてみましょう。

☐ 設問3
　あなたが今の立場でこの事例の発端にかかわるとすれば，どのようにかかわることができますか。

 ## 実践は複線の相互作用で進む

設問1

> □ **地域づくり支援プロセスの5つの特徴**
> 1 多様な実践が同時並行で進む
> 2 主体は一つではない──多様な主体の集合体として地域をみる
> 3 地域の変化は中・長期（3〜10年）スパンで見通す
> 4 ターニングポイントとなる変化をとらえる
> 5 経験の蓄積が地域の力を開花させる

　地域づくり支援のプロセスには次の5つの特徴があります。これらは実践の渦中にあるときはみえにくいものですが，プロセスチャートを描くことでポイントがみえやすくなります。

　①　多様な実践が同時進行で進む

　地域では，複数の主体による多様な実践が同時並行に進められます。一見するとそれらの実践はバラバラにみえても，実は相互に作用していたり，つながりがあったりします。つまり，地域づくりの実践は，単線ではなく複線の相互作用で進むのです。第9章第4節で解説するプロセスチャートにすると，そのことがよくみえます。

　②　主体は一つではない──多様な主体の集合体として地域をみる

　地域づくり支援でみるべき対象は複数あります。いくつもの人・団体（組織）が様々な活動を展開しており，それらの主体の集合体として把握する必要があります。集合体として把握するとは，事例でいえば，まちづくり協議会の内部にある部会等の組織内関係をみる，あるいはまちづくり協議会と「アクティブ永坂」というボランティアグループの関係をみることをさします。地域にある活動主体を個別に把握するだけでなく，相互の関係性をつかむということです。

　③　地域の変化は中・長期（3〜10年）スパンで見通す

　地域を時系列で見立てる際に，その変化は短期ではなく，3年から5年，10年といった中・長期スパンでみる必要があります。ここが地域生活支援（個別支援）のスピード感と異なります。

　④　ターニングポイントとなる変化をとらえる

　地域生活支援（個別支援）同様，地域づくりのプロセスで起こる変化をみます。とくに，地域で課題への気づきが出されたときや，メンバー間の信頼関係が深まりグループが成熟してきたときなどは，地域が動くきっかけになります。前向きな変化だけでなく，問題に直面したとき，すなわち「壁」や「失敗」も変

化です。たとえば，物事を進める際に反対意見があり，メンバー間にあきらめが表面化したとき，あるいは専門職に対する住民からの批判があったとき，などがあります。いずれの場合も，まずは変化に気づくということ，そして乗り越える策を他の専門職や地域住民とともに考えることが大切です。

⑤　経験の蓄積が地域の力を開花させる

プロセスを通して地域には着実に経験が蓄積され，地域活動はそれがあるときに開花します。地域が動くきっかけとなる出来事はあるかもしれません。しかし，地域は単発の出来事で動くというより，地域の様々な活動や主体がもつ経験が花開き，一気に動き出すということがよくあります。地域に蓄積されてきた経験にも目を向けてみてください。

 **地域住民が主体的に動く要件
——地域生活課題の共有化と協同化**

設問2

> □ **地域住民が主体化される要件**
> 1　地域住民が話し合う場（協議の場）
> 2　地域内で合意形成し，活動を推進する組織
> 3　学習・調査・広報
> 4　専門職の支援・協働

　事例では，「アクティブ永坂」と若者たちによる地域の拠点としてカフェが開設されますが，これは地域住民が主体化されてきた結果として生まれた地域の資源です。主体化とは，地域のありようを決め，その実現に向けて自ら行動し，そのことに責任をもつようになることです（第5章61頁参照）。地域住民が，協力者でも対象者でもなく，主体者として福祉の地域づくりを進めることが，地域福祉の核心です。

　ここでは，地域住民が主体となって動き出す4つの要件を解説します。

☐ 地域住民が話し合う場（協議の場）

　住民が主体化する要件の1つ目は，地域住民が話し合う場です。話し合いの場には2つの段階があります。1段階目は，「地域住民の意見表出」です。この段階で，住民のもつ様々な願いやニーズが共有されます。2段階目が，「課題解決や活動に向けた協議」です。1段階がないまま，いきなり課題解決に向けた協議にはなりません。

　また，話し合う場は，必ずしも会議である必要はありません。住民同士が集まって雑談する場，打ち合わせ，学習会でのワークショップを含め，住民同士が自由に思いを表明したり意見を出したりできる場をさします。とくに，1段階目ではこうした多様な場をいかに地域内で発見し，生かすかが重要になります。

　事例では，協働ミーティングやシニアボランティア講座，アクティブ永坂を中心とした関係者との打ち合わせ，意見交換会が話し合う場として登場しました。

☐ 地域内で合意形成し，活動を推進する組織

　2つ目の要件が，地域内で合意形成し，活動を推進する組織です。合意形成

のための組織と活動組織は，同一である場合もありますが，多くの地域では別々に存在します。いずれも，②の話し合いの内容を吸い上げて，解決の手立てをつくる役割を担います。地域でどの組織を軸に支援するのかに定式はありません。

　事例では「アクティブ永坂」や「まちづくり協議会」がそれに該当します。まずは，地域にどんな組織がどんな活動をしているのか，地域のことに精通している住民に教えてもらうことからはじめましょう。

☐ 学習・調査・広報

　3つ目の要件が，地域での学習・調査・広報活動です。事例では，当事者へのヒアリング，シニアボランティア講座でのまち歩きを行いました。いずれも，専門職が教えるというより，地域住民が気づき，それを地域内に広げる活動です。

☐ 専門職の支援・協働

　4つ目の要件が，ここまでに説明した3つの要件をつくったり，進めたりする過程への専門職の支援・協働です。事例では，社協，障害者相談支援事業所，地域包括支援センター職員等がその役割を担いました。

 住民のストーリーで考える

設問3

> □ 専門職のスタンスと話し合いの場の運営の支援
> 1 住民のストーリーで考える——自分が当事者，住民の立場だったらどう感じるだろうか
> 2 当事者・住民を不在にしない——一緒に考え，話し合う
> 3 専門職も多職種・多業種と協働する

□ 専門職のスタンス

　事例の井上ワーカーのような動き方は，地域づくりの支援が業務上に位置づけられていない限り難しいかもしれません。地域において専門職がどのような役割を果たすのかは，所属機関と職種によって異なります。しかし，どの所属機関，どの職種であっても共通する専門職としてのスタンスとして，次の3点に留意しましょう。

① 住民のストーリーで考える

　自分が当事者，住民の立場だったらどのように受け止めるだろうかということをまず想像し，それを踏まえて，専門職として判断する思考手順です。

② 当事者・住民を不在にしない

　一緒に考え，話し合うことです。とくに，話し合いの場では，当事者の参加により派生する当事者性の「磁場」が関係者の協同（協働）を引き出します。

③ 専門職も多職種・多業種と協働する

　専門職が，自身の得意な領域から少しだけ越境し，多職種・多業種と協働することです。連携・協働とは，いいかえれば相手の分野に越境し相乗りすることです。住民はそれをむしろ得意としますが，専門職は苦手な傾向にあります。当事者・住民と協働する場合の専門職の姿勢・態度として問われることです。専門職として仮説や見立てをもつのは必要ですが，それがすべてではありません。仮説や見立てに縛られず，地域住民からの様々な意見や反応をもらい，一緒に考え，一緒に動くことを心がけましょう。

□ 話し合いの場の運営を支援する——ファシリテーターとしての役割

　地域とのかかわりでとりわけ重要なのは，話し合いの場づくりです。ここでの話し合いとは，一方的な説明や伝達ではなく，また結論ありきではなく，対話によって相互の思いと意見が引き出され，その場のメンバーが一緒に結論を見つけていくような場です。こうした創造的な話し合いを促進する人をファシ

リテーターといいます。優れた地域リーダーは，優れたファシリテーターでも
あります。ただ，すべての地域にファシリテートを担う人材がいるわけではあ
りません。専門職自身がリーダーを補佐したり，自らファシリテーターの役割
を担ったりすることも必要になります。

　ファシリテーターの大きな役割は，発言しても大丈夫だと参加者が感じられ
る安心な場づくり，ゴール（目的）に向かった話し合いの手助けです。前者につ
いては，たとえば付箋紙を利用した議論の拡散や参加者同士の距離を縮めるよ
うな会場デザイン，会議のルールの提示等の工夫を行います。後者は，ホワイ
トボード等を活用した議論の「見える化」もその手段の一つです。

コラム10　田　　住民の話し合いを支援するということ

　近年，住民参加の地域ケア会議によって地域課題化と課題解決を進める動きがあります。しかし，専門職の関与の仕方として2つの点に注意しておく必要があります。

　1つ目は，個別課題を地域課題に発展させることをあせるあまり，専門職がお膳立てをしたり，主導したりしてしまわないように心がけることです。住民同士の日常的で継続的な，「共有・共感・気づきの場」がなければ，専門職と住民が会議を重ねても課題が地域のものになっていきません。

　2つ目は，1つ目と逆で住民主体だからと住民に"丸投げ"しないようにすることです。専門職には，住民が当事者の生きづらさに気づき，関心を寄せて主体的に取り組むことができるよう，住民と当事者が信頼関係を築いて動き出すプロセスを支える役割があります。

　私は，住民会議の運営に際して次のようなことを心がけています。

心がけ1：住民会議は住民で運営するもの。住民が運営できるよう支える

　会議の資料づくりや会場予約，レイアウト準備など住民ができることをできるよう，最初は事前にていねいにサポートします。キーパーソンとなる住民との相談や打ち合わせも重要で，会議進行や話しやすいムードづくりについても予め話をしています。また，事前打ち合わせの際に，かかわる住民の生き方や経験なども聞いて，その人をよく知るように心がけています。今までの生き方を生かして会議や活動で役割発揮してもらうためです。

心がけ2：住民の一員となって加わり，一緒に考える

　会議が始まると"何か助言しなくては！"なんて思わず，住民の輪に入り，意見を聞きながら一緒に課題や対応策に気づいたり，見つけたりしています。少数意見や課題を感じている住民に対しては，理由を添えて共感し，まわりの住民にも気づいてもらえるような働きかけをします。住民（活動者）よがりで当事者の視点抜きで話が進みかけたときは，当事者視点の投げかけをしたり，必要な情報提供をしたりすることを心がけています。

心がけ3：ホワイトボード等を使って話し合いの要点を見える化し共有する

　話の交通整理も兼ねて，意見をホワイトボード等に書き，みんなで共有できるよう工夫しています。理由は，話し合いを記録することが次の話し合いや活動につながるからです。意見や発言を言いっぱなしにしていると，ただの雑談になりかねません。話し合いの経緯・結果を残すことが次につながります。

　また，自分が言った意見が書き留められているだけで達成感が味わえ，みんなに認められた気分になります。話し合いを共有することは，みんなのモチベーションアップになります。結果として課題が多く残ったとしても，それが話し合いの大きな成果になります。

（坂本幸枝）

コラム11 🏠 話し合いの見える化

　福祉の現場では，地域ケア会議の普及もあり，個別の支援を相談したり地域全体のことを考えたりするために，いろいろな立場の人が一緒に話し合う機会が増えてきました。違う立場の人が意見を出し合えば，物事をみる視点が増え，話し合いが深まる良さがあります。

　しかし，その一方で，立場が違うだけに，持っている情報や考え方の違い，さらには言葉の解釈が違うこともよくあるものです。これをそのままにして話し合いを進めると，「今日の話し合いは何だったのだろう」「私の意見はどうなったのだろう」と，参加者の不満感につながりがちです。

　そこで大切になるのが，話し合いの『見える化』です。各自の意見を，みんなが見える形で模造紙やホワイトボードに残していくことで，話し合いの"足跡"が見えるようになります。

　出てきた意見を，上から順番に書いていくだけでも『見える化』になりますし，色を変えたり，同じ種類のものを集めて記載したりすれば，結論を導き出す場面で，大きな助けになるでしょう。なにより，意見を『見える化』することで，参加者に「自分の意見を大切に扱ってもらった」という経験をしてもらうことは，とても大切なことです。

　最終結論はひとつに絞られたとしても，その合意に至るまでに，どんな話し合いのプロセスをたどったのかが，その後の地域活動に大きな影響を与えます。結論はどうであれ，その話し合いの中で，一人ひとりの意見が大切に扱われることが，「人を大切にする」地域づくりの原点のような気がするのです。

（足立里江）

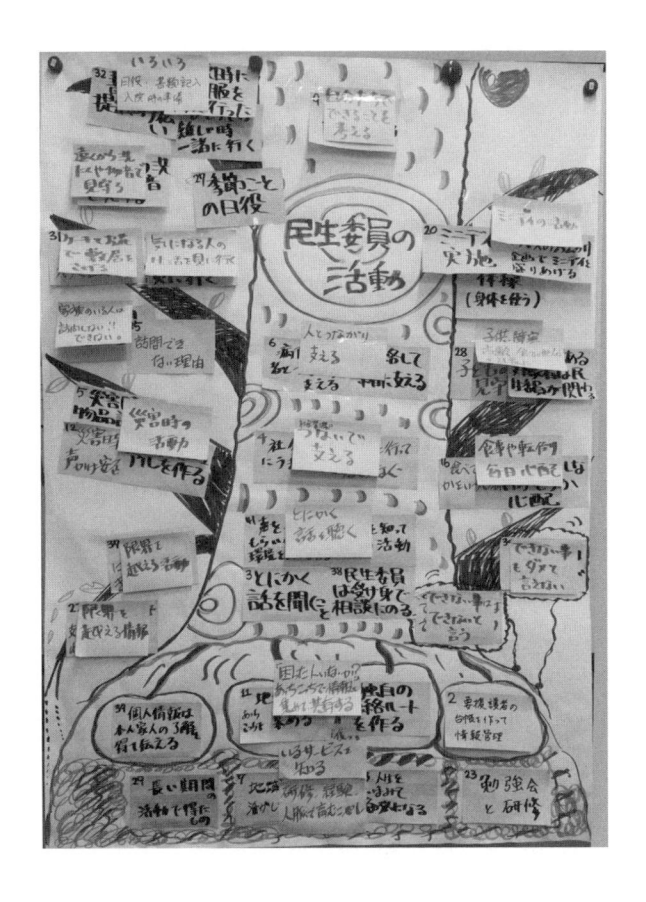

 # プロセスチャートの描き方と活用方法

　地域福祉実践は，一定のエリアにおける個人，団体，機関に働きかける実践といえます。その実践には，ある時点での多様な主体の「複雑な関係性理解」と時間の経過の中での「複雑なプロセス理解」という時空間の把握が必要です。この複雑さを把握するためには図（チャート）化が適しています。

◯ 複雑な関係性理解を助ける人・団体・機関の関係図

　地域福祉実践の中でもコミュニティワークの場合，個別支援にみる援助対象者を中心にしたエコマップ理解ではなく，働きかける個人，団体，機関からなる多様な主体の全体像を把握することが大切です。なぜなら，コミュニティワークの対象は，「みんなの問題」としての地域生活課題であるからです。この地域生活課題に関係する住民や住民団体を中心としつつも，幅広い関係者を含めた全体をとらえる必要があります。

　図9-1はコミュニティワーク事例検討時に作成された「人・団体・機関の関係図」です。この図はコミュニティワーカーが複数の独居認知症高齢者へのかかわりから地域の居場所づくりを模索した実践の関係図です。コミュニティワークの関係図としてはシンプルな方ですが，当事者にかかわる事例であっても，複数の当事者が登場してきます。コミュニティワークの関係図では，関係の広がりを相対的，複層的に把握することが求められるといえます。

　したがって，通例のエコマップのような詳細な関係図というよりも，働きかける対象の全体像を鳥瞰的に把握することを第一の目的として図式化することが大切です。コミュニティワーク実践の関係図は，その把握する対象の広がりに応じて，「重要な関係のみを線でつなぐ」，もしくは「線を引かずにおおよその位置関係だけを示す」などの方法で簡略化する工夫も必要でしょう。また，プロセスチャートで描くことは難しいのですが，コミュニティワークにおける関係性理解で大切なのは，地域を動かす力としての権力関係の把握が重要です。そのことは，これらの図とともにメモ化しておく必要があります。

◯「複雑なプロセス理解」を助ける「プロセスチャート（経過図）」

　地域福祉実践は，**図9-1**のような実践の定点における空間理解だけでなく，それらが時間の経過と共に影響しあいながら各主体の関係性が変化することから起こるダイナミズムを理解する必要があります。コミュニティワークは「場」に働きかけて，地域にある各主体間のダイナミズムを起こす実践であるともい

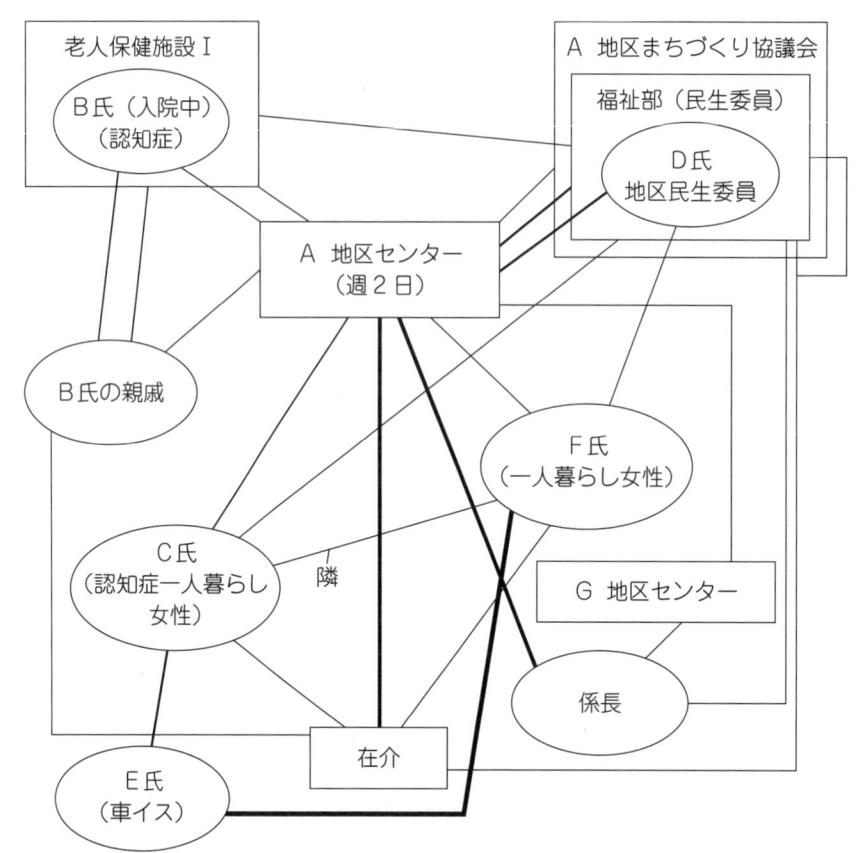

図9-1　コミュニティワークの関係図

老人保健施設Ⅰ

B氏（入院中）
（認知症）

A 地区まちづくり協議会

福祉部（民生委員）

D氏
地区民生委員

A 地区センター
（週2日）

B氏の親戚

F氏
（一人暮らし女性）

C氏
（認知症一人暮らし
女性）

隣

G 地区センター

係長

在介

E氏
（車イス）

出所：兵庫県社会福祉協議会（2006）「コミュニティワーカー養成のための事例検討のススメ」61。

えるからです。その理解のためには，時間の経過に沿った展開図をプロセスチャートとして描くことが有効です。このようにプロセスチャートはコミュニティワークの始まりと終結（または現時点）の2つの時点での「人，団体，機関の関係」をつなぎ，変化の動態を把握するための経過図なのです。

　プロセスチャートは次のような地域福祉実践の様々な場面で活用されます。

> ①　活動，事業，計画策定を開始する際の作業工程表の作成場面。
> ②　地域づくりの事例検討などで実践を振り返る場面
> ③　実践プロセスを実践者だけでなく他者にも理解できるように事例化をする場面

　①は専門職の実践仮説を立てる作業です。また，地域福祉実践開始時に，コミュニティワークの実践過程（第6章**図6-1**）の第1段階で，地域づくりの構想を描く際に有効です。

　②は，個別支援や地域づくりにかかわらず，事例検討会などで事例提出者の事例を聞く際にプロセスチャートとしてメモするものです（**資料9-1**）。みえに

くく複雑な関係性を理解するためには，経過に沿って関係性を結び付けていくと事例が理解されやすくなります。その場合，働きかける「主体」と「場」に着目しながら，他の要素である「目標」「プログラム」「出来事・事件」「ワーカーの意図・思い・働きかけ」を丸で囲みながら，時間の経過に沿って関係を線でつなぎます。そうすれば，これらの関係性の変化と，その関係から生じるダイナミズムを理解しやすくなり，次に働きかける主体や場がみえてきます。

　なお，このプロセスチャートメモは自分の理解のために書くものなので，**資料9-1**のように少々粗くてもかまいません。このようなメモ化は，地域活動者への聞き取りメモの方法としても活用できます。

　③の他者に事例を理解してもらうために描くプロセスチャートは，このメモとは別に事例提出前後に書くものです（**図9-2**）。いずれの場合も，プロセスチャートメモを書くトレーニングが必要です。

◯ プロセスチャートメモの書き方

　プロセスチャートで描く関係性は，同一時点での横の関連性と，それらが時系列につながっていく縦の関係性があります。この2つの関係性をメモしていきます。関係性をつなぐ線引きは，最も重要な「関連把握」と「関連付け」＝「相乗作用と波及効果の仮説」を明確にしていく行為といえます。

　①　同一時点における関連付けの線の引き方
- 主体と活動プログラムの関係，主体と主体の関係，プログラムとプログラムとの関係に着目します。
- 「事柄」「思い」を付け加えます。「事柄」とは出来事，「思い」とは主体の思考，判断，気づきです。

　②　時系列に縦につなげる線の引き方

　縦に直線的につなげるのではなく，前時期の「主体，プログラム，事柄，思い」と現時点の「主体，プログラム，事柄，思い」の関係性を意識しながら主要なものを結びます。

　これら①と②を組み合わせたものがプロセスチャートメモです。

◯ 制度の狭間の個別支援事例の理解にも有効

　ここまでは地域福祉実践のうち，地域づくりとしてのコミュニティワークのプロセスチャートの意義と方法を説明してきました。しかし，この考え方や方法は，「制度の狭間」としての個別支援や地域生活支援事例の理解や検討方法にも有効です。

　なぜならば，「制度の狭間」にある個別支援においては，本人への働きかけとともに，本人を取り巻く多様な「人，団体，機関」に働きかけるネットワークのアプローチが必要だからです。この場合，エコマップだけでは住民は要援

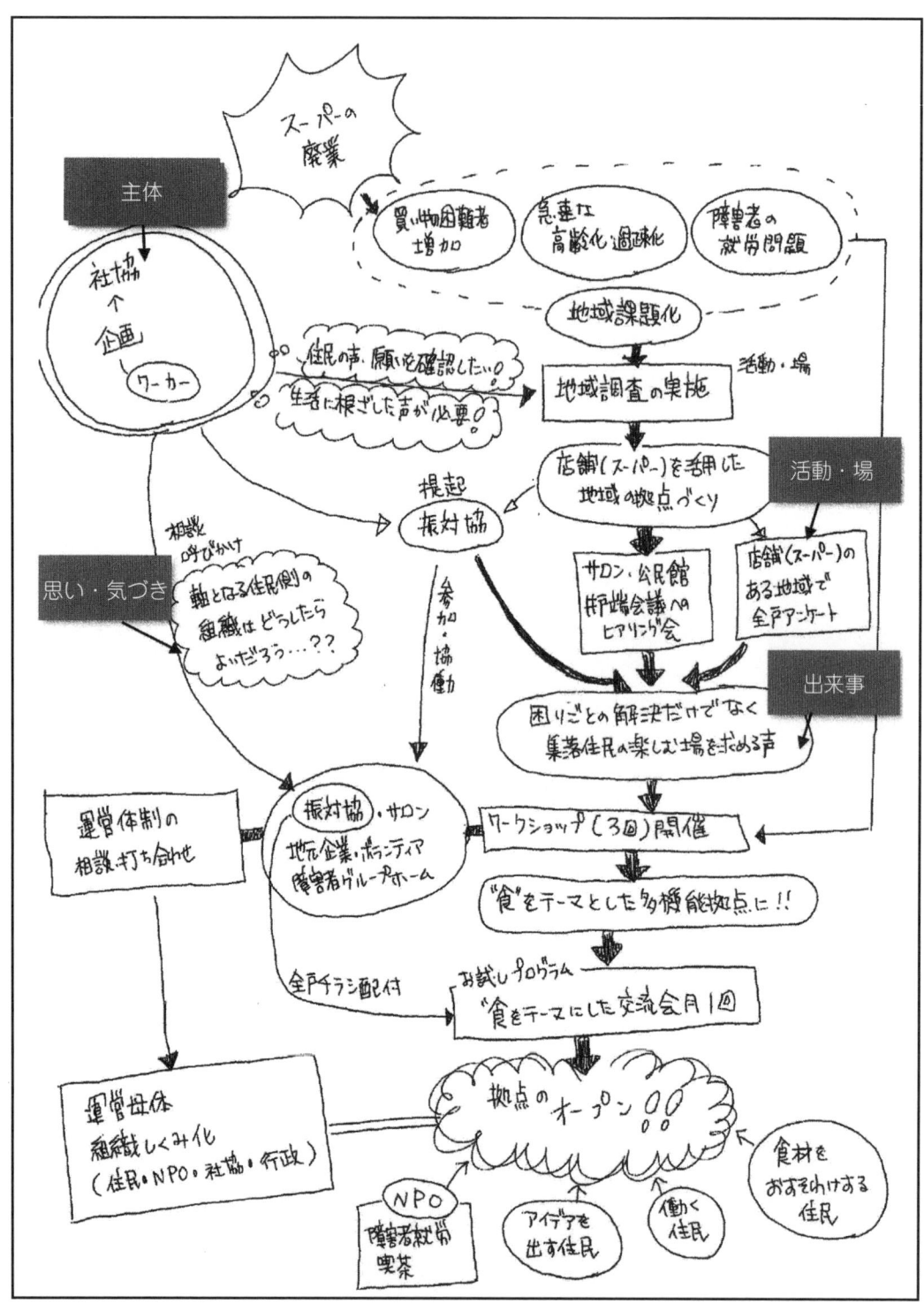

出所：兵庫県社会福祉協議会（2015）「コミュニティワーク専門ゼミナール」受講者作成図。

助者を支援するインフォーマルサービスとしてしか認識されません。しかし，プロセスチャートを通して実践の複層的で構造的な展開がみえると，住民は専門職にとっての協働者または支援対象者として浮かび上がってきます。

　地域生活支援ではサービスにアクセスしづらい潜在化したニーズに対して，顕在化しやすい地域福祉土壌の形成や住民活動への支援と連携，また，行政専門機関の連携や仕組みづくりなどの開発的な地域福祉実践が求められます。地域生活支援のプランを作成する際にコミュニティワーカーは個別支援ワーカーとともにプロセスチャートを描き，展開について共通認識をもつことが大切です。

図9-2 事例検討後のプロセスチャート（移送サービス開発事例）

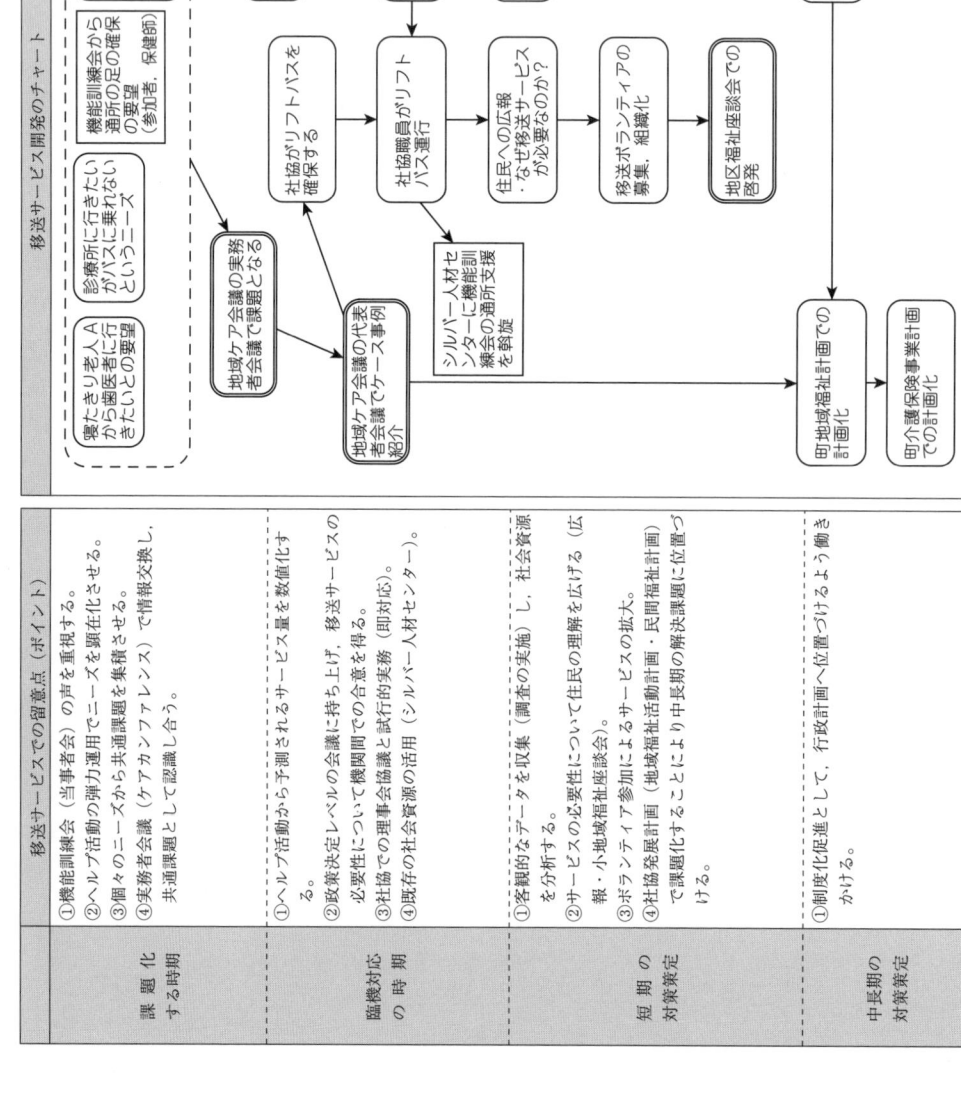

出所：藤井博志（1996）「ニーズを満たす社会資源の開発」白澤政和編『ケアマネジャー養成テキストブック』中央法規出版、148-149を一部修正、加筆。

	移送サービスでの留意点（ポイント）
課題化する時期	①機能訓練会（当事者会）の声を重視する。 ②ヘルパー活動の弾力運用でニーズを顕在化させる。 ③個々のニーズから共通課題を集積させる。 ④実務者会議（ケアカンファレンス）で情報交換し、共通課題として認識し合う。
臨機対応の時期	①ヘルパー活動から予測されるサービス量を数値化する。 ②政策決定レベルの会議に持ち上げ、移送サービスの必要性について関問期での合意を得る。 ③社協での理事会協議と試行的実務（即対応）。 ④既存の社会資源の活用（シルバー人材センター）。
短期の対策策定	①客観的なデータを収集（調査の実施）し、社会資源を分析する。 ②サービスの必要性について住民の理解を広げる（広報・小地域福祉座談会）。 ③ボランティア参加によるサービスの拡大。 ④社協発展計画（地域福祉活動計画・民間福祉計画）で課題化することにより中長期の解決課題に位置づける。
中長期の対策策定	①制度化促進として、行政計画へ位置づけるよう働きかける。

128

第10章

地域福祉のネットワーク のすすめかた

本章で学ぶこと ————————————————————————

□ 多様なネットワークを理解する

□ 地域福祉実践におけるネットワーキングの意義を理解する

□ 地域福祉のネットワークの構造を理解する

あなたのネットワーク度チェック

☐ 設問

　各自の実践上または生活上のネットワークを書き出し，そのうえで，それらの社会資源とどのような関係を結んでいるか，振り返ってください。

 # 専門職におけるネットワーキングの発展段階

◯ ネットワーキング

　ネットワーキングとは，新しい何かのあり方を求めて，個々のちがいを認めつつ，予定調和的なつながりを排した，多様化と多元化を促進するきわめて能動的なつながりをつくる過程のことをいいます。ネットワーキングからは創造的なものや新しい価値が生み出されることが期待されます。

　地域福祉におけるネットワーキングとは，地域福祉がめざす地域生活支援や地域づくりを目的として，当事者，地域住民と福祉・保健・医療専門職に加え，幅広い生活関連機関・団体，事業者，行政による創造的なネットワークづくりを意味します。

◯ ネットワーキングの発展段階

　専門職によるネットワーキングの段階は次のようになります。

第1段階：社会資源活用の段階（閉じられた関係）

　専門職が社会資源との一方的な関係を結んでいる段階です。社会資源を活用する際に，幅広い社会資源を知っている点では有意義です。ただし，自らが働きかけなければ，相手とは連絡調整にとどまり能動的な動きを期待することは難しいでしょう。閉じた関係といえます（図10-1）。

第2段階：相互連携の段階（閉じられた相互関係）

　連絡調整から連携という相互関係が生じている段階です。一方向の第1段階から相互に協力し合う双方向の段階です（図10-2）。日常の協力関係からの信頼関係が基盤として醸成されています。ただし，この段階は自分や自組織を中心とした連携の拡がりにとどまります。お互いが閉じているものの相互関係によって開かれた関係にあるといえます。

第3段階：協働の段階（開かれた相互関係）

　相互協力の第2段階から，多様な主体との対等な相互関係の中で協働を進める段階です。活発なケース検討会議や多職種連携会議，異業種交流，多様な主体によるネットワーク会議などが想定されるでしょう。また，そのようなネットワークの場からは，目標の合意にもとづく，連携による仕組みづくりや協働事業の促進，社会資源の開発などが生み出されます。この段階が本来のネットワークといえます。

　このようなネットワークの場への参加や運営には次の3通りの方法が想定されます。①多様な主体の参加による連携協働の場を自らが主催する，②その場

図10-1　社会資源活用段階のネットワーク（閉じられた関係）

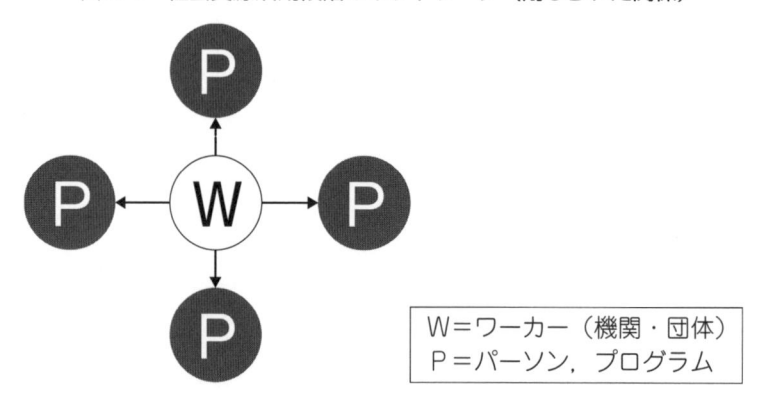

W＝ワーカー（機関・団体）
P＝パーソン，プログラム

図10-2　相互連携段階のネットワーク（閉じられた相互関係）

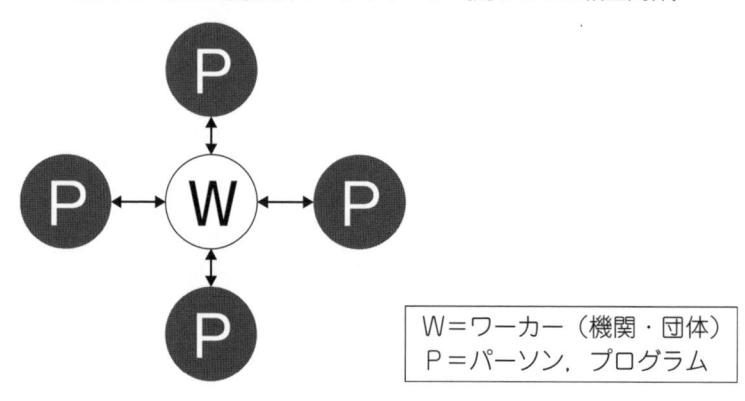

W＝ワーカー（機関・団体）
P＝パーソン，プログラム

図10-3　協働段階のネットワーク（開かれた協働関係）

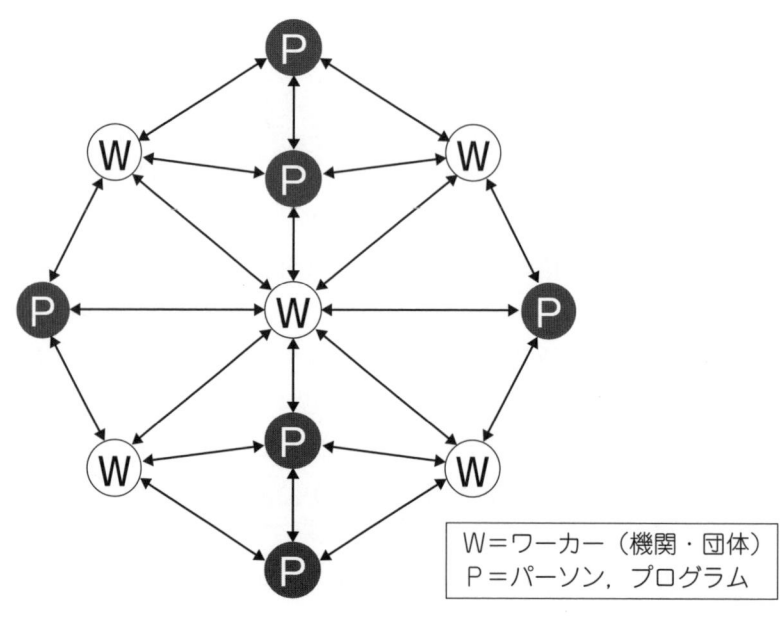

W＝ワーカー（機関・団体）
P＝パーソン，プログラム

出所：藤井博志作成。

図10-4　プラットフォーム型ネットワーク

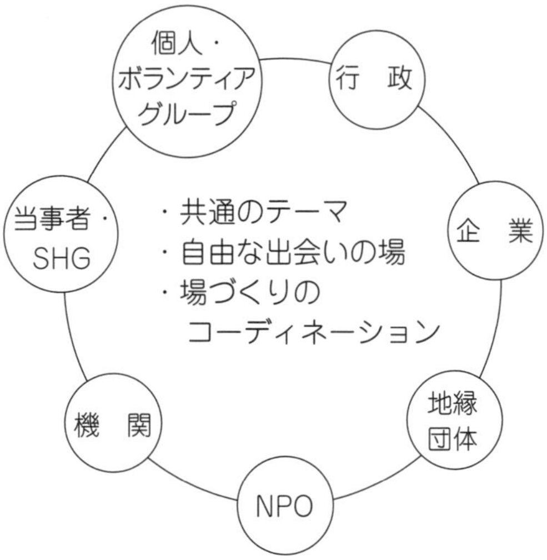

出所：藤井博志作成。

の運営を協働で主催する，または，協働運営を支援する，③関係する人・団体・機関のそれぞれがもつネットワークの場にメンバーとして参加し，その場を起点としてさらに連携を拡大する。この段階は開かれた関係づくりとしてのネットワーキングをめざす段階です（**図10-3**）。

☐ 新たなネットワーキングの方法

　新たなネットワーキングとして着目できるのが，上記③の「関係する人・団体・機関のそれぞれがもつネットワークの場にメンバーとして参加し，その場を起点としてさらに連携を拡大する」方法です。この方法をプラットフォーム型のネットワークといいます（**図10-4**）。広い共通のテーマで自由に出会う場づくりとしてのネットワーキングともいえます。

　現在はどの団体，機関も担い手不足であることから，ネットワークの参加メンバーが同じ目標を掲げて共同事業化する取り組みは困難な状況にあります。したがって今日的なネットワーキングとしては，広い共通テーマのもとで知り合い，各主体がめざす目標や課題に双方がマッチする実践主体間が協働できる出会いの場の形成が，求められています。第9章の事例で登場する「協働ミーティング」はその一例です。通常，このようなプラットフォーム型は，中間支援組織が場づくりのコーディネートを行います。

2 個人を支えるネットワークのありかた

　ここでは，専門職間連携のあり方として，原則的な当事者へのネットワークのあり方について説明します。

☐ 受容のネットワークをつくるという姿勢

　専門機関間のネットワークはプラスに働くとは限りません。たとえば，地域包括ケアシステムのように，連携・協働のあり方を自治体内で公式にルール化していく段階では，その連携ルールが当事者や住民などの利用者側の利益になるルールなのか，サービス提供者側にとってのルールなのかを点検する必要があります。前者のルール化を，参加型による受容のネットワーク，後者のルール化を統制型の管理のネットワークと呼んでおきましょう。

　たとえば，次のような事例です。ある制度の狭間の問題を抱えた当事者が地域内のすべてのサービス事業者に対応できるかどうか問い合わせしました。その結果，事業者が一つだけ見つかりました。その後，この事業者はこのケースが地域内で頻発しているケースとして，その対応を地域ケア会議に提案しました。その自治体内の事業者や行政は，同様のケースをどの事業者も受けいれられるように協議をはじめました。これを受容のネットワークといいます。一方，ある自治体の地域ケア会議では，同様のケースについて例外はつくらないという主旨からすべての事業者が受け入れないように厳格にルール化しました。これを管理のネットワークと呼びます。

　このように地域ケアシステムのような地域連携を形成する段階では，行政・専門職や事業者がこの2つ（**図10-5**）のどちらの姿勢をとるのかが問われます。

☐ 地域福祉実践における個別支援ネットワークの意義

　前述した受容のネットワークを前提にした，個別支援におけるネットワークの意義は次の3点です。

① 当事者の生活の全体性や総合性に対する最善の支援に向けて，各機関団体の合意にもとづく連携であること。

② 一機関では実現できない援助の質を多機関，団体の連携のもとで実現しようとすること（多職種・多業種連携）。

　狭義の多職種連携は保健，医療，福祉の専門職間の連携をさすことが多いです。それに対してこの個別支援ネットワークは地域福祉の連携として，当事者はもとより家族，近隣，ボランティアなどのインフォーマルサポー

図10-5　受容のネットワークと管理のネットワーク

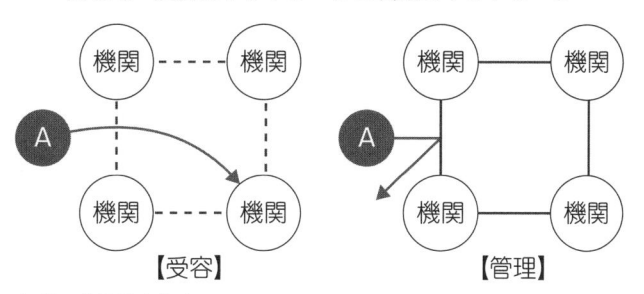

出所：藤井博志作成。

ト及び生活関連資源の連携までを含めてとらえることができます。ソーシャルサポートネットワークがその典型です。

③　既存の主体や社会資源間だけでなく，当事者の利益に必要な支援を開発，創造するという社会資源開発を含んでいること。

演習 12 ♪

あなたやあなたの組織がかかわる
ネットワークの場を考えてみよう

☐ **設問1**

　あなたの組織の実践課題と，それに関連する他組織，行政との連携課題を書き出してみましょう。

目標（※自組織の目的・目標　　　　）

組織 実践課題	自組織	他組織	行　政
A			
B			

☐ **設問2**

　設問1の目標や実践課題に関係するネットワークの場を下欄に書き出し，自組織との関係について振り返ってみましょう。

圏域 ネットワーク 参加者(主体)	近隣〜 およそ小学校区域	およそ中学校区域	自治体域 または自治体外
当事者・住民			
当事者・住民と専門職			
専門職			

※異業種の事業者は専門職に含めてください。違う枠を作成してもかまいません。
　各主体には，実務者・活動者レベル／代表者レベル／実務者・活動者と代表者の混合レベルの違いや個人参加か組織参加の違いを意識して記入してください。

 地域福祉における自治体域のネットワーク　設問1・2

◯ 地域福祉のネットワークとは

本節において地域福祉ネットワークとは，自治体内の住民の日常生活圏域（近隣＝およそ小学校区域），専門職によるサービス整備・連携圏域（およそ中学校区圏域），及び自治体全域などの各圏域ごとに形成される住民，専門職（機関・団体，行政）の協働による重層的なネットワークと定義しておきます。

この重層的なネットワークは高齢者分野では地域包括ケアのスケルトン（骨組み）とも呼ばれています[1]。

地域ケアシステムとは個人の QOL（生活の質）を目的として個人を支える地域ケアのネットワークの仕組みを意味します。システムといっても，実体は医療介護連携や認知症高齢者の見守りネットワークのように各団体機関間のネットワークです。地域福祉のネットワークは，地域のニーズの発見から政策決定の場までのボトムアップの重層的なネットワークです。

◯ 3つのネットワーク主体

地域福祉実践でのネットワークづくりの主体は，大きくは「当事者・住民」間，「当事者・住民と専門職」間，「専門職」間の3パターンがあります。それぞれのネットワークの機能や特徴は，**表10-1**のとおりです。さらに，近年では，福祉・保健・医療連携だけでなく幅広い生活関連分野との異業種交流が必要となってきています。

これらのネットワークは，固定したものではなく，ニーズに合わせて柔軟に変化させたり，つくりだしたりします。地域づくりにおいては，「当事者・住

解説10 ✐ 地域ケアシステム

当事者の地域生活の QOL（生活の質）を保障するための自治体内における関係者間の連携ネットワークを地域ケアシステムと呼びます。主要機能は，ニーズ発見，ニーズ診断，サービス提供，サービス評価といったケアマネジメント機能です。これらの機能を円滑に稼働させるために，住民参加，サービス改善・開発，ネットワーク促進，システム改変，計画化（施策提言）のサブ機能があります。高齢者分野の地域ケアシステムは地域包括ケアシステムとして進められています。また，生活困窮などの「制度の狭間」の問題への対応では，セーフティネットシステムと呼んでいる自治体もあります。社会福祉法第106条では，住民の見守りなどの地域福祉活動と連携したシステムを包括的支援体制として規定しています。　　　　（藤井博志）

表10-1 主体別のネットワークの機能と特徴

主　体	機　能	特　徴
当事者・住民 （ボランティア含む）	• 分かち合い・仲間づくり • 情報・ニーズの共有 • ニーズへの対応・解決 • 社会資源の創出 • ソーシャルアクション	• ベースは共感と相互理解 • ニーズのベースは生活の肌感覚 （福祉ニーズに限らない） • メンバー，運営などが柔軟でゆる やか
当事者・住民と専門職 （NPO や事業者や企業含む）	• 情報・ニーズの共有 • ニーズ対応・解決 • 社会資源の創出 • ソーシャルアクション	• 住民主導で運営することで，住民 の力が発揮される • 制度枠・属性別ではなく多様なニ ーズへの対応がすすめやすい → 早期発見・早期対応が可能
専　門　職	• 権利擁護・危機介入 • ケース対応・チームアプローチ • 社会資源の創出 • ソーシャルアクション	• ベースは各自の職業倫理と専門性 • 緊急性が高い，もしくは高度なア プローチが求められる支援困難事 例への適切な対応ができる

出所：荻田藍子作成。

民」間，「当事者・住民と専門職」間のネットワークが活性化していることが大切になります。

☐ 住民にとって身近な地域からつくる

　地域福祉のネットワークは，下記のように住民にとって身近な場のエリアごとにつくる4つのネットワークがあります。

　①　おおよそ自治会・町内会から小学校区エリアでの住民同士の見守りなどの個別支援ネットワーク（小地域ネットワーク会議等）

　②　小学校区エリアくらいでの当事者・住民同士，または当事者・住民と専門職によるネットワークの場（地域ネットワーク会議等）

　③　中学校区のエリアくらいでの専門職間によるネットワークの場（地域ケア会議等）

　④　市町域での代表者などによる制度・仕組み化のための会議の場（セーフティネット会議，地域ケア推進会議・地域自立支援協議会等）

　住民同士のネットワークで解決できない問題がある場合，地域住民と専門職・専門機関が協働で解決につなげるボトムアップ型のネットワークを，専門職は暮らしの場に入って住民と一緒につくります。その観点から①から④の関係をみると，①②という生活の場から始まるボトムアップ型であり，③，④で合意された取り組みも①，②の場で実践されるという循環する関係にあります。住民との協働は，潜在的ニーズを顕在化させる働きが高まり，問題の早期発

見・早期対応にもつながります。

　ネットワークをつくる際にまず行うことは，その目的・機能によって，どの圏域にネットワークをつくって運営するのか，エリアを設定することです。そのためには，まず自組織の理念・目標（社会的使命）を確認し，それを達成する実践課題についての他組織や行政との関係を把握・分析しておく必要があります（設問1）。

　地域福祉のネットワークは自治体によって異なりますが，上記の①から④の4つのレベルのネットワークが共通して想定されます。

◻ 参加メンバーと参加形態

　次に，メンバーを考えます。メンバーは，圏域と目的によって，「住民間・専門職間・住民と専門職間」×「活動者・実務者レベル・代表者レベル」の組み合わせになります。ネットワークは個人参加が原則ですが，自治体内においては組織参加の形態をとる場合も多くあります。

　なお，会議が時の経過とともに形式的になってしまうこともあります。ネットワークにおけるグループダイナミクス（グループ内のメンバー間の関係から起きる刺激や軋轢などの力動的なエネルギー）が発揮されるためには，そこに常にニーズや課題が持ち込まれなければなりません。このため，当事者をメンバーに加えたり，交流会などの形式でざっくばらんに悩みを打ち明けたり，情報交換の場をつくる働きかけもしていきましょう。

　図10-6は高齢者の地域包括ケアシステムと連動した重層的な圏域におけるネットワークの典型的な構図です。

注

(1)　白澤政和（2013）『地域のネットワークづくりの方法』中央法規出版，25-27。

図10-6 地域福祉のネットワーク例

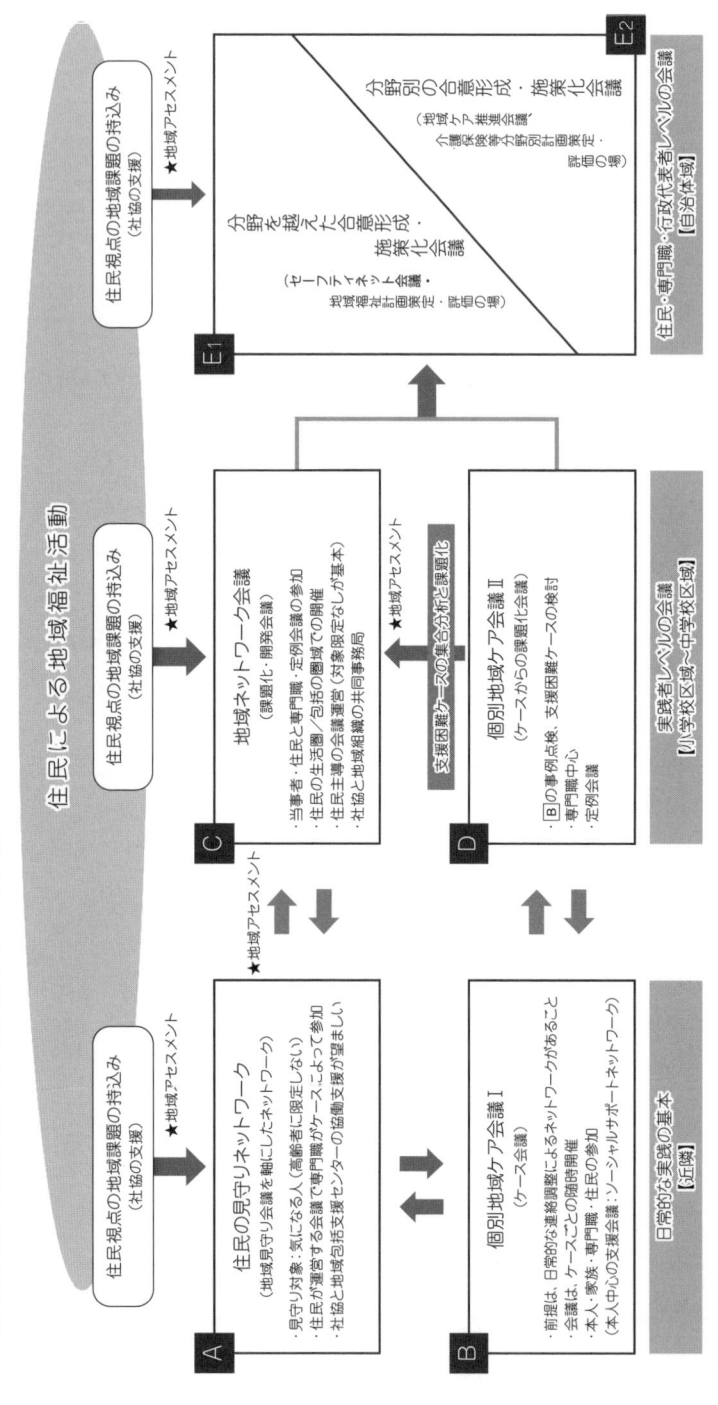

<地域ケアの目的と実践形態>

■目的
①QOLの向上（=Quality Of Community Life、地域生活の質）
②地域福祉開発（地域社会／ネットワーク、システム／ケアサービスの3領域開発）
③予防的対応／早期発見・早期対応

A、C、E1 ・・・ 地域福祉が中心的に取り扱う領域（住民主導）
B、D、E2 ・・・ 分野別福祉が中心的に取り扱う領域（専門職主導）

■実践形態＝チーム実践
①専門職間の連携、②住民間の協働、③住民と専門職の協働（含む本人、家族その他）

出所：藤井博志作成。

 地域福祉のネットワークの具体例

　図10-6でのエリアごとの各ネットワーク（A～E₂）は，自治体内ですべて形成する必要はありません。地域ケアの３つの目的（QOLの向上，開発機能の発揮，早期発見・早期対応にもとづく予防的対応）と総合相談支援体制の構築に必要なネットワークを構想し，そのボトムアップ型のネットワークのつながりをマネジメントする地域ケアシステムとして構想することが大切です。これらは，分野別の福祉計画とともに地域福祉計画において包括的支援体制として構想・設計されるしくみです（第12章）。

　ここでは，高齢者の地域包括ケアシステムにおける地域ケア会議を例にとって図10-6の各ネットワークとその会議の機能を説明しましょう。

◻ ３つの地域ケア会議

　高齢分野における地域ケア会議はB―D―E₂の連結として理解できます。

　「B：個別地域ケア会議Ⅰ」は多様な形態がありますが，各個別のケースごとに関係者が集まる「本人中心・随時型」会議が実質的に機能するといえます。この本人中心・随時型の会議形態は，本人・当事者に関する専門職はもとより，家族，関係住民の参加が望ましいといえます。そのことにより，専門職と本人，家族，地域が連携した支援が可能になります。

　「D：個別地域ケア会議Ⅱ」は，基本的には固定の専門職メンバーによる定例の会議形態をとります。この会議では，Bの支援困難な要援護者等への支援検討とともに，個々の支援事例の累積（集合）から「支援の課題」を抽出します。ここでの支援課題は，医療・介護連携のあり方など，専門職間で解決すべきことの課題整理が主な協議内容になります。ちなみに，個々の支援を検討する「ケース検討」と「地域課題化」は異なる分析と思考方法を要するので，同じ会議体であっても別々に運営することが鉄則です。

　「E₂：分野別の合意形成・施策化会議：地域ケア推進会議（介護保険）」は，住民，専門職，行政の代表者メンバーで構成される会議体です。「D：個別地域ケア会議Ⅱ」における「支援課題」を解決する対策や施策を検討する「政策形成の場」として開催されるものです。ただし，その検討は高齢者分野の課題に限定され，複合課題を検討するには限界があります。

◻ ３つの住民主体のネットワーク

　専門職が中心となる地域ケア会議に対して，住民が中心なる連携の場がA―

C—E$_1$です。

　「A：住民の見守りネットワーク」は近隣での交流や見守り，支え合いなどの日常的な活動です。住民の身近な地域での活動のため，通常はおよそ自治会域で活動します。活動は自治会域ごとの地域の文化に合ったそれぞれの方法ですすめることが大切です。対象は地域住民が「気になる人」であり，決して高齢者に限定されません。また，見守り活動のための会議（話し合いの場）は，個々の住民へのかかわり方や地域課題を話し合う場として開催されます。なお，そこには必要に応じて専門職も参加します。

　「C：地域ネットワーク会議」はより広域での住民中心の協議・協働の場です（解説11（152頁）参照）。広域といっても，住民が普段の生活の中で協議・協働できる圏域ですから，「小学校区」「地区」「地域公民館」の圏域が想定されます。これに類する組織としては「地区社協」や「まちづくり協議会・自治協議会の福祉部」「公民館協議会」などがあります。さらに柔軟に誰でも参加可能な形態として，地域ボランティア，NPO，当事者組織や事業者が個人資格で参加できるネットワーク型の会議や組織もあります。これらの会議体は，通称「地域ネットワーク会議」などと呼ばれています。ここでは，「A：住民の見守りネットワーク」の圏域ごとで確認された地域課題の集積や，それを中域の立場から取り組める地域課題が話し合われます。また，「A：住民の見守りネットワーク」と同様に住民による地域課題化ですので，必ずしも高齢者に限定されずに，子どもや障害者，引きこもりの青年等の様々な課題が出されます。

　「E$_1$：分野を越えた合意形成・施策化会議（例：セーフティネット会議）」は住民，専門職，行政の代表者メンバーで構成されるものです。住民の地域福祉活動や専門機関間で整理された課題を協議する場です。今日的には主に生活困窮者自立支援の取り組みから生じる課題です。このAからE$_1$につながる連携体制を制度上では包括的な支援体制と呼びます（第12章）。

☐ 住民主体のネットワークと地域ケア会議の関係

　図10-6にみるように，住民中心の多様なネットワークと地域ケア会議は圏域によってA—B，C—D，E$_1$—E$_2$の対の関係にあります。また，住民主体の多様なネットワーク（A-C-E$_1$）が地域ケア会議（B-D-E$_2$）の地域の基盤であるという関係にあります。そして，専門職中心の地域ケア会議（B-D-E$_2$）は，専門職の背景とする制度と組織の制約から，「地域課題化」まではできますが，その解決に必要な「開発」までは進まない傾向にあります。それに比べて，住民主体の多様なネットワーク（A-C-E$_1$）の場は，地域住民自らの問題とする「地域課題化」を経て，地域の暮らしに必要な活動や仕組みを自由な発想で生み出す開発機能を高めます。

住民と専門職が協働するための
会議運営をチェック

　住民と専門職が協働するために，地域ケア会議や事例検討会などの会議運営について点検してみましょう。

　なぜ専門職のケース会議（地域ケア会議や事例検討）だけでは課題が解決できにくいのかについて要因チェックを下の表で行いましょう。

　チェックが入った項目については，「現状と要因」，「改善策」を話し合って記入しましょう。

	専門職用チェックポイント	現状と要因 （具体的に）	改善策 （具体的に）
開催方法	□ケース会議，事例検討会が定例的，儀式的，義務的に行われ，実践に即していない。		
	□会議は決められた日程，回数で行われ，臨機の対応ができていない。		
検討内容	□事例紹介のみで，アセスメント，情報不足のため形式的な検討会になっている。		
	□意見はいつも決まった一部の人のみか，もしくは経験談に終始し，事例の個別性に沿った検討ができていない。		
運営	□これまでの対応への批判，なぜサービス提供しないかなどと責められ，事例提供しても重い気持ちになり提出しにくい。		
	□専門職のかかわりだけを検討し，住民が解決にかかわる方策が検討されない。		
	□住民のかかわりを検討しても住民のやり方に即しておらず，住民の力が引き出せていない。		
	□最終的な対策案が具体的でなく，結局，担当者に「頑張ってください」と戻ってくる。		

出所：永坂美晴作成。

次に住民だけでは課題が解決できにくい要因を下の表でチェックしましょう。このシートは専門職のチェックシートであるとともに，住民関係者の自己点検シートとしても使えます。

専門職・住民用チェックポイント	現状と要因（具体的に）	改善策（具体的に）
□問題が発生しても，課題としてとらえられない。		・住民自身の改善策 ・それへの専門職の支援策
□問題としてはとらえることができるが，つなぎ先，連絡先，解決方法がわからない。		・住民自身の改善策 ・それへの専門職の支援策
□個人情報保護の壁があり民生委員・児童委員，ボランティア，自治会長等が情報交換することができない。		・住民自身の改善策 ・それへの専門職の支援策
□事例検討会等に参加することもなく，情報や意見を出す場がない。		・住民自身の改善策 ・それへの専門職の支援策
□専門職，行政等と交わることもないため，互いの意見，役割について知らない。		・住民自身の改善策 ・それへの専門職の支援策
□解決のための専門的知識，制度，しくみをしらない。		・住民自身の改善策 ・それへの専門職の支援策
□これからどうなるかわからないため不安感が強くなり，排除の心理が働く。		・住民自身の改善策 ・それへの専門職の支援策
□安定した生活を変えたくない心理が働くため，新たな取り組みに躊躇する。		・住民自身の改善策 ・それへの専門職の支援策
□各自のできることを出し合い，役割分担をするための話し合いができてない。		・住民自身の改善策 ・それへの専門職の支援策
□自分の住む町の理想像を話し合う場がなく，将来を不安に思っている。		・住民自身の改善策 ・それへの専門職の支援策

出所：永坂美晴作成。

 住民と専門職が協働するための会議運営の留意点

　「演習13　住民と専門職が協働するための会議運営のチェックポイント」の解説として，住民と専門職が協力して解決する場の運営の留意点を7項目のチェックポイントにしました。会議だけに限らず，様々な活動にも当てはめてみましょう。

　① **地域，住民の現状を理解する。**
- 住民一人ひとりの個別性，人となりを理解する。
- 地域・住民等の周囲の影響を考慮する。
- 地域の中のサービス，近隣の関係性等多岐にわたるアセスメントを行う。

　② **"こうなればよいな"という姿（目的）の設定と共有を行う。**
- 目的設定の場は，まず，住民が小さなつぶやきを出し合える関係性の中で行う。
- 行政・専門職だけで考えた目的を住民に押し付けない。

　③ **目的達成のための目標設定と役割分担を行う。**
- 住民も専門職もお互いができることの目標設定を行う。
- 具体的な目標を達成するためにそれぞれの役割を明確にする。

　④ **実践はできるだけ多くの人が，具体的にできることから始める工夫をする。**
- 住民の力を引き出す工夫をする。一人ひとりにできる小さなことから明確にしていく。
- 期間，時間，内容を明確にする。

　⑤ **評価と承認を忘れない。**
- ともに実践していく機会，過程が重要である。
- 失敗しても成功しても，一緒に振り返り，努力を承認することが次への活動につながる。

　⑥ **繰り返しトライする持続力をもつ。**
- 同じような課題は地域に点在する。何度も繰り返し行うことの大切さを住民と専門職に伝え，一緒にトライすることでお互いの経験値（知）にしていく。

　⑦ **義務的でなく，参加することが楽しめる場にする。**
- やらされ感は苦痛であり続かない。自ら考え，工夫する機会をもつことで，役割を明確にし，楽しみに変える。
- 住民が学びながら力をつけられる場とする。
- 生活に密着した課題が大半であるため，制度・サービスだけでは一時的な解決にしかならない。専門職が住民にわかりやすく解説等を行いながら，学びの場とする。

第11章

地域福祉における
社会資源開発の
考えかたと方法

本章で学ぶこと ――――――――――――――――

□ 社会資源開発の４つの方法を理解する

□ ネットワークによる社会資源開発での住民との協働のあり方を理解する

□ 地域福祉における実践的な開発の３領域とその関係を理解する

住民との協働によって問題解決を図る視点と方法

事　例

　A市では中学校区域ごとに地域包括支援センターが設置され，その圏域ごとにケース検討を行う地域ケア会議と，高齢者分野を中心にした地域福祉の推進について協議するネットワーク会議が開催されています。永坂町のあるB小学校区域のネットワーク会議メンバーは，自治会，地区社協，民生委員・児童委員，ボランティア，老人クラブ，施設関係者，診療所の医師，行政の高年福祉課，社会福祉協議会（以下，社協）の地区担当ワーカーで構成されています。地区社協の会長がネットワーク会議運営委員長で，社協地区担当ワーカーと地域包括支援センターが事務局を担っています。

（会議招集）

　ある日，B校区で高齢者夫婦の孤立死事件が起こり，ネットワークメンバーはショックを受けました。とくに，孤立死が起きた担当地区の民生委員は「なぜ気がつかなかったのか」と自分を悔やむとともに，「民生委員は何をしていたんだ」という周囲からの心ない視線に苦しんでいました。それに気づいた地域包括支援センターの長谷川ワーカーは，このままでは民生委員のなり手がなくなることを心配し，一人で責任を感じている民生委員を支えなければならないと思いました。また，このような事件は高齢化が進むこの地域の状況から今後も起こることも予想されました。しかし，地域包括支援センターや社協，行政の対応だけでは限界があることも明らかでした。そこで，社協コミュニティワーカー井上さんと相談し，ネットワーク会議で話し合ってもらうことにしました。

（第1回会議とその対応）

　この第1回目のネットワーク会議は，かつて地区内で起こったアパートの火事で複数の高齢者が焼死したことから，メンバー達は他人事ではない地域の問題として深刻に受け止めたものの，妙案が浮かびませんでした。結局，この日の会議は結論が出ず，暗い雰囲気のまま閉会しました。そこで，会議をまとめ切れなかった長谷川ワーカーは，事件のあった地域に出かけて行き，この出来事についての聞き取りの調査を始め，ある事実をつきとめました。亡くなった夫婦が行きつけていた「立ち飲み屋」の常連客たちだけは二人の異変に気がついていたのでした。さらに，店に来なくなった二人の安否を気遣い電話もかけていました。立ち飲み屋では男性の一人暮らしも多く，同じような孤独な客達が2人の死を自分の行く末のように感じ，酒を交わしながら年金や健康，政治のことなど，将来の不安を語り合っていたのでした。長谷川ワーカーはこのような人達の生活不安のニーズとは接点がなく，これまでの福祉分野に偏った地域把握の方法に反省するばかりでした。

（第2回会議とその後）

　長谷川ワーカーと井上ワーカーは「立ち飲み屋」にヒントを得て，ネットワーク会

議運営委員長と打ち合わせを行い，次のネットワーク会議に「安心てんぽ」活動を提案することにしました。地区内の人々が集まっているさまざまな「店舗」や「場」を高齢者への見守り拠点になってもらい，その住民の普段の自然な交流の中で，気がかりな人の発見や見守りをおこなおうとする活動です。立ち飲み屋の中で発見した気にかけあう住民の見守り文化を活かし，「安心できる場所と，お互い共有できる安心なリズムを町に」と「見守り，声かけ，助け合い」をキャッチフレーズに，町を福祉化しようという提案でした。

　ネットワーク会議で提案すると，その簡単でかつ楽しそうな夢のある提案にメンバーの顔がいきいきしてきました。また，高齢者の見守りが中心ですが，そのことに無関心な人や地域の子ども達にもPRしようと，子どもを対象にポスターデザインを募集しました。定時制に通う男子高校生が当選しましたが，その学生のやさしさにあふれたポスターはメンバーをさらに元気づけました。また，商店が多いC地域ではメンバーが自らモデル地区に名乗り出て，町の各会議に提案し，「安心てんぽ」ポスターを自分たち流に工夫して町に張り出し，商店街の活性化とあわせた見守り活動を進めていきました。

　永坂町のなかではこんな声が聞かれるようになりました。

　「うちの町では，とても良いことをしているらしい」。

出所：藤井博志・永坂美晴（2015）「地域におけるネットワーキングに関する相談援助演習」長谷川匡俊・上野谷加代子・白澤政和・中谷陽明『社会福祉士相談援助演習（第2版）』中央法規出版，148-150を一部改変。

☐ 設問1

　ネットワーク会議の2つの場面について，ネットワークメンバーの気持ち，考えやメンバー間の関係性に対して，長谷川ワーカーの判断と行動の妥当性について考えてみましょう。

メンバー・ワーカー 会議場面	メンバーの気持ち，考え	専門職の判断，行動
会議招集		
第1回会議とその対応		

☐ 設問2

　第2回の会議以降における「安心てんぽ」活動の評価をしてください（プログラムの目的と内容，策定と普及プロセス，B小学校区に与えた影響についてなど）。

☐ 設問3

　この「安心てんぽ」活動は一定の普及をみせますが長くは続きませんでした。その理由について推測できることを，事例から読みとり，コミュティワークの観点から考えてみましょう。

 **会議等の協議の場を運営する**

設問1

　ある課題に対して，解決のための協同活動を進めるためには，協議の場の運営支援が重要です。会議メンバーの主体性の尊重とメンバー間の関係性への観察，創造的な話し合いのプロセスやグループの力動性が生み出されるためのグループワークの知識が求められます。

☐ 会議招集の場面

　専門職は，地域住民が何かの脅威を感じたときに，時を逃さず，その脅威に働きかけ，不安から安心という事後的対応から予防的対応に転換する動機付けを行うことが大切です。

　事例での夫婦の孤立死は，他人事と考えていた状況が自分の地域でも起こっているという驚きと危機感を住民の意識の中に生み出しました。とくに高齢者にとっては切実な問題としてとらえられています。このような事件の直後は，災害と同様にすでに地域全体の課題として共有されています。その時に，その課題をそのまま放置すれば不安やあきらめとなって地域意識に重く沈殿します。しかし，逆に解決に向かうと希望や安心に変化します。

　また，専門職が地域にアプローチする際に，具体的，直接的に働きかけるのは地域のリーダーです。この地域のリーダーを支援することが大切です。

　事例では，他のメンバーが民生委員を責めています。民生委員は地区担当制ですので，その地区での出来事への責任感と孤立感を強く感じています。専門職はこのような民生委員の重圧感や自責の念をしっかりと受け止め，守り支えることが大切です（コラム12参照）。

☐ 第1回会議の場面

　住民への支援は，「丸抱え」もせず，「丸投げ」もしないという側面的援助が必要です。そのためには，専門職としての状況への正確なアセスメントが求められます。

　事例では，会議を招集し，事件の深刻さに対するメンバーの思いの一致は確認できたものの，それに対して協議するためのデータの収集などが不十分であったことから会議が不調に終わっています。

　しかしその後の対応として，夫婦が暮らしていた生活状況をアウトリーチによって調査しています。そこでは，既存の福祉領域の枠に縛られない，生活に焦点を合わせたアセスメントを行っています。立ち飲み屋という日常生活行為

での地域社会関係の発見です。

　なお，アウトリーチとは，接近困難なクライエントにワーカーから出向いていく方法ですが，地域福祉実践の場合は，事務所から出て，地域全般にアプローチする表現としても使用されています。

コラム12 田　　　民生委員・児童委員ってどんな人!?

　民生委員・児童委員ってどんな人でしょうか。簡単にいうと，「地域の頼りになる人」だと思います。

　ある地区の民生委員・児童委員は，毎日地域の一人暮らしの高齢者宅を訪問し，話を聴いています。悩みや愚痴，不安，不満など様々な思いを聴くそうです。そして，私に教えてくれます。「困っている人がたくさんいる。何とかしたい」。

　別の地区の民生委員・児童委員は，「私もここで最期までいたい。だから，みんなが暮らしやすい町にしなければ」と言います。そして，ひきこもりの人や認知症の人が住む家に行きます。「もう死んでしまいたい」と言う悲痛な声に，「そんなこと言わないで。一緒に生きていこう」と手を握ります。そして，私に「この人たちが外に出てできることを探したい」と熱く語ってくれます。

　民生委員・児童委員は，地域で孤立しがちな人の話を一番たくさん聞いている人かもしれません。しかし，多くの民生委員・児童委員は困っています。「聞いた悩みをどこに持って行ったらいいのか」「どうしたらこの課題は解決するのか」，どうしたらよいのかわからずに話を聞くことで留まっている場合もあるのです。私たち専門職の役割は，そんな困っている民生委員・児童委員と一緒に解決の道筋を探ったり，支えたりすることではないでしょうか。私たちが「地域の困りごとを解決するために一緒に活動しましょう」と声をかけたら，民生委員・児童委員はきっと断りません。ぜひ地域の民生委員・児童委員とつながって，一緒に活動してみてください。

（小椋智子）

　介護保険制度に位置づけられた地域ケア会議の内，地域住民が参加した地域課題の検討の場の設置や運営に関して，地域福祉では地域包括支援センターなどの専門機関の主催ではなく，小地域福祉活動などを推進する住民の福祉組織が主催する考え方が強調されています。また，そのような会議は以前から「ネットワーク会議」というような名称で呼ばれていました。（表11-1）。

　このネットワーク会議を住民主導で運営する理由は主に次の2つの理由によります。1点目は，地域包括支援センターが主催している限りには地域住民はあくまでもその協力者にとどまり，自らの問題として取り組む主体性は育ちにくい傾向にあります。また，行政・専門職が考える地域課題の優先順位と地域住民が生活の全体性を背負って考える地域生活課題の優先順位が違う場合もあります。したがって，問題の共有過程の協議から，地域住民の生活基盤の中で協議する方が実質的な問題の解決や社会資源の開発に向かうといえます。2点目は，地域ケア会議では高齢者問題に限定されますが，地域住民が取り上げる課題は，高齢者問題に限定されない広範な地域生活課題が取り上げられます。そのことが，むしろ家族・地域社会関係を重視した高齢者支援にとっても有効であるといえます。また，住民関係者が障害，児童などの分野の同様の会議に重複して参集される弊害を防ぎ地域関係の会議の効率化にもつながります。

　このような住民主導のネットワーク会議は，通常，地域福祉計画や地域福祉活動計画によって設計され，場合によってはそれを介護保険事業計画上の地域ケア会議の関連会議として位置付けられます。また，住民主導といっても，その会議運営の支援は専門職が支援する場合が多く，この場合は，場の運営支援は社会福祉協議会（以下，社協）のコミュニティワーカーが行い，その会議から出てくる高齢者に関する課題への支援を地域包括支援センター職員が行うなど，社協と地域包括支援センターの協働と分担による支援が考えられます。　　　　（藤井博志）

表11-1　地域ケア会議とネットワーク会議の相違点

比較項目	地域ケア会議 （定例会議型）	ネットワーク会議
①主　体	専門機関・専門職	住民活動者・当事者・地区社協等小地域福祉組織
②場／範域	専門機関の場／介護保険上の日常生活圏域	住民生活の場／小地域福祉活動圏域
③取り上げる課題	高齢者の介護・福祉課題	地域生活課題 •主として地域課題化，開発課題
④施策／計画	介護保険事業計画プログラム	地域福祉計画プログラム
⑤担い手／参加者	相談支援ワーカー／当事者，住民，行政，専門機関，事業者	住民リーダー・社協などのコミュニティワーカー／当事者，住民，行政・専門機関，事業者
⑥主な方法	コーディネーション，専門職間のチームアプローチ	ネットワーキング，当事者・住民・専門職間の協働
⑦評　価	専門職間による評価	住民参加による評価

出所：隈田好美・藤井博志・黒田研二（2018）『よくわかる地域包括ケア』ミネルヴァ書房，29。

 ## 協同から社会資源を生み出す

設問2

　生活に役立つ社会資源は，日常の生活行為の中に見出され，そこから発展させる資源が有効です（ナチュラルコミュニティリソース）。また，それは生活を成立させる複合的な要素を含んでいます。サービスとはその複合的な要素の一部分を特化させたものといえます。

　「安心てんぽ」という活動プログラムは，日常での気にかける行為を少し意識化させたものであるので，誰でもできる普及性の高いプログラムです。また，つながりの強化と商店の活性化という，個別の「安否確認」から「まちづくり」という社会的孤立対策としての見守り活動へとプログラムの質を転化させています。さらに，全地域の画一的な活動ではなく，小地域ごとの多様性にもとづいた創意工夫を生かせることにより，かえって広がりを見せています。加えて，ポスターづくりへの子どもの参加を企画することで，全世代に関心を広げました。

　高齢者の不幸な出来事から，子どもも参加した安心のまちづくりに向かう「物語」をつくることで，「私達の地域の活動」として「安心てんぽ」という社会資源が生まれました。

解説12 🖉　社会資源開発の4つの方法

　社会資源開発は大別すれば4つの方法がとられます。1つ目は行政の予算化による事業化です。2つ目には，事業者などの民間組織による単独事業化です。

　この2つの方法がとられない場合は3つ目の方法として，生活防衛のために当事者や住民，関係者によるボランタリズムに依拠したネットワークによる協同から社会資源を生み出すことになります。4つ目は，最も厳しい状況下で，その状況転換がネットワークによる開発だけでは困難な場合に，ソーシャルアクションという運動方法が採用されます。

　この4つの方法の内，1つ目は国・県の制度か，自治体単独施策になります。いずれも予算がともなうものですので，今日の財政状況の中ではその施策化の実現性と即応性に課題があります。2つ目の事業者や民間組織による単独事業化も制度外対応に対する組織としての理念・姿勢や実行力が問われることになります。また，これらの方法で事業開発が行われたとしても，3つ目の当事者や住民，関係者によるネットワークから開発された社会資源が地域福祉の最も重視する社会参加を促進する社会資源としての豊かな膨らみをもたらすといえます。

　さらに，この開発的なネットワークの協同的なつながりが4つ目のソーシャルアクションの素地ともなります。

　したがって日常の実践ではネットワークと協同による開発方法が，社会資源開発には最も有効だといえます。

（藤井博志）

③ 住民の主体性への支援

設問3

　住民主体の活動はその主体者が協議過程にどのようにかかわっているかということの点検が常に求められます。その場合，コミュティワークの原則的なプロセスを念頭に置いておく必要があります。

　この事例の情報からは，活動が早くに収束した決定的な要因は確定できません。しかし，次のことが指摘できます。

　第1回目の会議は妙案が出ず，メンバーの気持ちを前向きにするための焦りが，長谷川ワーカーにみられます。沈黙を我慢する，1〜2回はメンバーの発言が出るまで待つ，運営委員長にそのことを相談する，などが必要であったでしょう。そうすれば，「安心てんぽ」のようなプログラムではなくても，メンバーの背丈に合った案が出たかもしれません。

　次に地域調査を長谷川ワーカーが1人で行っています。メンバーとの協働した調査や少なくとも民生委員との同行調査を行うなど，メンバーと気づきを共有する過程を重視する必要がありました。

解説13 ✎ 住民と行う社会資源開発

　専門職が当事者や住民，関係者によるボランタリズムに依拠したネットワークと協働による開発をおこなう場合に，地域生活課題に対する住民と専門職の位置を認識しておく必要があります。

　専門職は地域生活課題とのかかわりにおいて，場合においては，その課題を制度外や分野外として避けることも可能です。しかし，当事者，住民はその問題から逃げられない存在であるという立場性を，専門職として認識しておくことが必要です。したがって，地域社会のあり方，暮らし方に対して当事者・住民を中核におきながら協議する態度が専門職に求められます。

　住民を中核とした専門職，行政との協働開発のプロセスは次のとおりです。まず，協議・協働のためのネットワークの場を設定し，住民・専門職・行政の相互の特質を尊重した場の運営を行うなかで，図11-1のようなプロセスですすめます。これがネットワーク型の資源開発のプロセスのモデルです。

　「はじめに協議・協働の場がありき」を原則とします。この協議，協働の場の形成の過程や運営をネットワーキングとも呼べます。第10章で説明した地域福祉のネットワークの「地域ネットワーク会議」や「セーフティネット会議」の場に相当します。また，このプロセス全体はコミュニティワークのプロセスと同じです。

　もちろん，専門職は，協議・協働の場を組織化し，自らもそこに参加する準備として，各種のアセスメントにもとづく実践仮説をたてておく必要があります。しかしそれは協議・協働のネットワークに柔軟に対応できる自らの立ち位置を保持するためであって，決して専門職の意図に参加メンバーを誘導するためではありません。専門職がこの無自覚な誘導を意図して発言する表現でよく聞くのが「住民を巻き込んで○○したい」という表現です。巻き込まれるべきは専門職や行政です。地域住民の「生活者論理」に巻き込まれる専門性や姿勢がこの協議・協働の場に求められるといえます（コラム9参照）。

（藤井博志）

図11-1　個別課題から地域課題化・協働解決へのプロセス

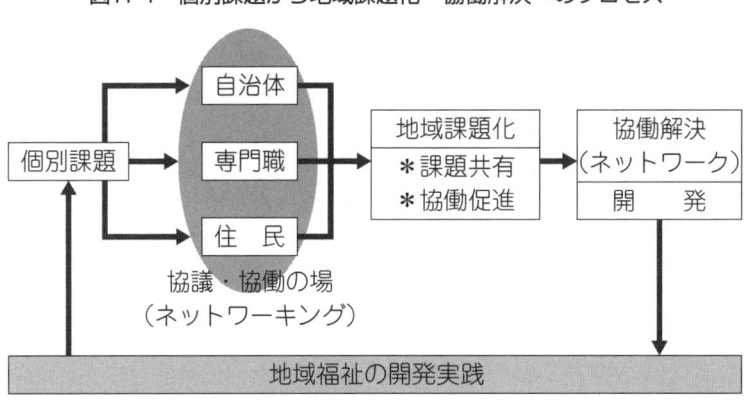

出所：藤井博志作成。

4 地域福祉の３つの開発領域

設問1・2・3

　ここまで学んだように，地域福祉における開発の対象は，本人を含め地域にあるあらゆるものです。しかし，それでは働きかけるターゲットが漠然としすぎていて実践をあいまいにさせます。そこで，地域福祉における開発的な実践をほぼ覆う３つの開発領域として具体的に設定して説明します。それは，「地域社会開発」「地域福祉ネットワーク開発」「地域ケア・サービス開発」です（**図11-2・表11-2**）。また，これらの総体を，社会資源開発を含む地域福祉の開発と呼ぶことにしておきます。

（A）「地域社会開発」

　この３つの領域の中でも基盤となるのが「地域社会開発」という地域づくりです。これは，地域社会，地域住民の福祉への意識，態度や活動，組織の開発という地域の共同（協同）性の開発をさします。

　近年の地域生活課題の主要因は，端的には貧困化と家族の縮小化及び単身化をともなった社会的孤立であるといえます。この社会的孤立に対応する，新たな地域社会の福祉的な共同（協同）性の開発は，地域福祉実践や資源開発の起点であり終結点といえます。

（B）「地域福祉ネットワーク開発」

　この地域社会を基盤に多様な主体が協議・協働し，新たな課題への対応を生み出していく重層的なネットワーキングが「地域福祉ネットワーク開発」です。第10章で説明したように，地域福祉のネットワークは，地域包括ケアシステムや制度の狭間に対応するセーフティネットシステムを実質的に稼働させるエネ

図11-2　地域福祉の３つの開発領域

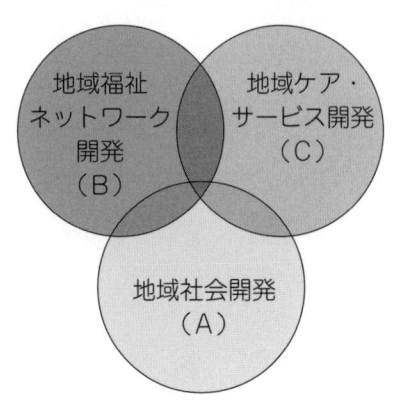

出所：藤井博志作成。

表11-2　3つの開発領域の関連

地域社会開発（A） ⇒地域福祉ネットワーク開発 　（B）への波及	(A) 認知症や障害への理解や助け合いが進む 　　（＝地域社会開発） 　　　　　　　↓ (B) 助け合いのしくみや，新たな解決に向けて協同して取り 　　組もうとする話し合いや活動が生まれる 　　（＝地域福祉ネットワーク開発）
地域福祉ネットワーク開発（B） ⇒地域ケア・サービス開発（C） 　への波及	(B) 助け合いのしくみや，新たな解決に向けて協同して取り 　　組もうとする話し合いや活動が生まれる 　　（＝地域福祉ネットワーク開発） 　　　　　　　↓ (C) 住民と専門職が協働した，地域自立生活支援への支え方 　　にもとづく地域ケア資源が開発される 　　（＝地域ケア・サービス開発）
地域ケア・サービス開発（C） ⇒地域社会開発（A）への波及	(C) 住民と専門職が協働した，地域自立生活支援への支え方 　　に基づく地域ケア資源が開発される 　　（＝地域ケア・サービス開発） 　　　　　　　↓ (A) 地域住民の潜在的に持っていた暮らしへのニーズが高ま 　　る（このような暮らしがしたい。子どもの迷惑になるの 　　で施設に行かなければと考えていたが，本当は行きたく 　　ないということが表明できるようになる等） 　　（＝地域社会開発）

出所：藤井博志作成。

ルギーの源泉としてのネットワークです。

（C）「地域ケア・サービス開発」

　さらに，地域社会開発や地域福祉のネットワークの開発と同時進行で地域ケア・サービス開発が行われることが望ましいといえます。一般に，社会資源開発とは，このケア・サービスの開発を想定しています。一方，「地域社会開発」や「地域福祉のネットワーク開発」の2つの領域は，各主体の協議協働の促進の取り組みといえます。この2つの開発過程での協議協働を介した地域ケア・サービス開発は，単なる制度・サービスという社会資源ではなく，地域住民や関係者が参加した地域の社会的共通資本としての質をもつ資源として開発されるでしょう。

　このように，地域福祉の開発実践の3領域は，相乗的に高まり合う関係にあります。ここで，再度確認しておきたいことは，社会資源の開発＝フォーマルなサービス資源という短絡的な思考をしないことです。ましてや，インフォーマルな住民の活動をサービス資源化しようとする考え方は，かえって地域の共同（協同）性や自発性を侵食し，その分断に作用する危険性すらあります。

解説14　地域福祉における社会資源開発は権利擁護でもある

社会資源とは人間としての尊厳が守られる社会生活を送るために，必要な社会的ニーズを充足するための，地域にあるあらゆるもの（ひと，もの，とき，しらせ，つながり，など）をさします。

地域福祉実践は暮らしの場で発生する新しいニーズへの対応を重視するので，既存の資源で対応できなければ社会資源を開発する必要があります。むしろ，地域福祉実践イコール制度内運用ではなく必要なものを開発する実践と言っても過言ではありません。地域福祉における地域診断やネットワーキングは，この開発的な実践に必要な方法であるといえるでしょう。

また，地域福祉における開発の大前提は，ニーズの裏側にある構造的な問題の要因となる社会経済や政治・政策，文化，慣習などに目を向け，それによって差別や排除，抑圧されている人々の人権を取り戻すことを目標とすることを大前提にしています。これは権利回復を越えて「権利開発」と呼ぶこともできるでしょう。このようにとらえると，社会資源を開発することは権利擁護・保障が究極の目標になるといえます。

とくに地域福祉における社会資源は，地域にある一般的な資源が福祉化され，すべての人々が普通に社会に参加できるための資源になるという視点が最も重要です。この社会資源を社会参加資源と呼ぶこともできるでしょう。

さらに，社会参加することで最も重要なことは，人と人との関係性の中で育まれる，当事者，地域住民の立ち上がり（主体化）です。このことを「内的資源」と呼ぶこともあります。しかし，地域福祉では「相互にエンパワメントされた主体力」と呼んだほうが適切です。そして，この相互主体化していく主体性の集合は「地域の共同（協同）性」といえます。（藤井博志）

解説15　✏　ネットワーキングとソーシャルアクション

　社会資源開発はネットワーキングによる多様な関係者による協同開発が有効です。しかし，現代では，地域生活課題が制度・施策の遅れや貧困化をともなう社会的格差を原因として広がっています。このような，社会・経済構造の矛盾から起こる課題に対しては政治上の問題として行政等に訴えかけ，状況の変革を目的とするソーシャルアクションの実践が重要です。社会正義を価値として権利保障や社会変革をめざす社会福祉は，ソーシャルアクションを重視していく必要があります。とくに，ソーシャルアクションはコミュニティワークやコミュニティオーガナイジングの方法として地域福祉実践に深く関連した実践です。

　しかし，独立社会福祉士などを除いては，公的資金等で運営されている社会福祉法人などに所属する社会福祉専門職としては直接的な実践につながりにくい現実があります。その場合，専門職としては，少なくとも父権的保護主義（パターナリズム）によって，その問題に対する解決行動や運動を起こそうとする当事者や地域住民を抑制することなくエンパワメントすることが大切です。理不尽な地域生活課題に目をつむることなく，当事者や地域住民の訴えや運動の正当性を科学的な客観的根拠をもって専門的に証明し，地域社会や行政の理解を広める実践が求められます。そのことが，社会を良くしていく力や運動力を当事者や地域住民に担保していくことにつながります。　　　（藤井博志）

地域ケア推進会議から資源開発・政策形成へ
——朝来市の取り組みから

2013（平成25）年当時，朝来市では様々な立場から，多種多様な地域課題が挙げられていました。たとえば，地域ケア個別会議では，「ターミナルケアの困難さ」に関する事例が多く検討されていました。一方，市民フォーラムでは，「買い物の足に困る」という高齢者の課題，警察からは「高齢者の運転免許証返納」の課題，医師からは「在宅療養手帳の統一」等，様々な課題を検討すべきとの声があがり，意見が分かれていました。それぞれの立場から見えるものや問題意識はバラバラで，地域課題を総合的に共有する場もありませんでした。

このような状況から，「地域課題の領域を明確にすること」と，「上げられた地域課題に優先順位をつけること」の2つの作業が必要であることが見えてきました。そこで，これらを実施する場として2014年度に「地域包括ケアシステム推進会議（地域ケア推進会議）」を立ち上げたのです。この会議体の参集者は，他の地域ケア会議の代表者のほか，社協，シルバー人材，医療機関，福祉施設，行政等，計11人です。

地域ケア推進会議では，地域課題を「深刻性が高いか低いか」「広範性が高いか低いか」の座標軸で分類・整理します（図参照）。認知症に関する地域課題は，認知症施策を検討する地域ケア会議（脳耕会）に，医療と介護の連携に関する地域課題はその検討を担う地域ケア会議（在宅医療・介護連携会議）に，資源開発のオーダーを出す役割も担います。

図11-3 平成28年度の朝来市の地域課題

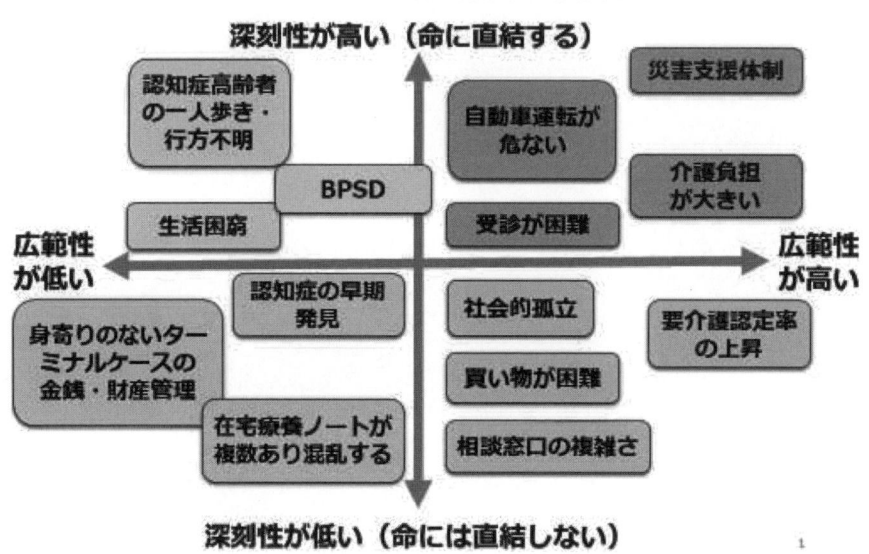

この手法により，認知症支援において，「脳元気テレビ」「見守り協定の締結」「SOSネットワーク」「徘徊模擬訓練」等，多くの資源開発を手がけました。また，医療と介護においては，「全居宅介護支援事業所への在宅介護支援センター委託」，「退院時連携マニュアル」「薬管理リーフレット」「災害時個別マニュアル」の作成等，数々の資源開発・政策形成が図られました。専門職と行政が中心になって地域課題を抽出し，資源開発・政策形成することにより，緊急性の高い命にかかわる課題に対して，早急に対応することが可能となりました。

　しかし，その一方で，専門職や行政主導の課題解決では，当事者や地域の理解が得られにくいという欠点も見えてきました。やはり，地域の課題を住民と一緒に肌で感じ，語り合うプロセスを共有することが必要不可欠なのです。しかしながら，命にかかわる深刻な課題には，迅速に対応しなければならない場面もあるでしょう。

　要は，それぞれの地域課題の種類や深刻性・広範性によって，あるいは当事者・地域・専門職・行政といったそれぞれの強みと弱みによって「どのように対応するのか？」をその都度，考えていくことが重要なのです。地域課題が一つひとつ違うように，それぞれの解決方法やそのプロセスも，一つひとつまったく違うということです。だからこそ「どのように対応するのか？」を，丁寧に検討することが大切なのでしょう。

（足立里江）

　出所：地域ケア会議運営ハンドブック作成委員会（2016）「地域ケア会議運営ハンドブック」『地域ケア推進会議の運営例──兵庫県朝来市』一般財団法人長寿社会開発センター，77の内容を参考に，執筆者が改変・加筆修正。

第12章

総合相談支援体制づくりと地域福祉計画

本章で学ぶこと —————————————

□ 自治体における総合相談支援体制の基本を理解する

□ 「包括的な支援体制」を理解する

□ 地域福祉計画の概要を理解する

総合相談支援体制を考えてみよう

☐ 設問

　あなたの自治体の総合相談支援体制にはどのような機能を強化する必要があるでしょうか。点検してみましょう。

 **総合相談支援体制づくり**

☐ 5つの相談支援を充実させる

　総合相談支援体制とは，制度の狭間の問題を生み出さない，自治体における社会福祉の漏れのない相談体制を意味します。また，「相談」を「相談支援」としているのは，相談を受けるだけでなく，かならず「支援」に結びつけるという意味で使用しています。狭義には各社会福祉分野の連携を意味し，広義には生活関連領域全般の連携を意味します。また，総合相談支援体制の目標は，単に漏れのない対応だけでなく，社会との豊かな関係の中で，人間としての尊厳を保持し，本人らしい生活を実現すること（＝地域自立生活）を目標とします。そのために，官民協働の地域福祉のネットワーク（第10章）により，住民のニーズを確実に受けとめ，制度の狭間の問題を生み出さない，切れ目のない支援につなげる仕組みづくりをめざします。

　具体的には総合相談支援体制は5つの支援機能を有する仕組みとして構築します。（図12-1）。

① 権利擁護支援

　この場合の権利擁護支援とは，広義には権利侵害に対するアドボカシーであり，これは社会福祉実践自体のあり方ともいえます。この場合，セルフアドボカシーのためのエンパワメントアプローチや社会的な権利擁護としてのクラスアドボカシーまでを含みます。

　アドボカシーとは本人の考えを「代弁」する行為をいいます。日本語では権利擁護とも訳されます。このアドボカシーの前に，当事者本人が意思表明できるように支援することが重要です。これをセルフアドボカシーと呼び，その支援をエンパワメントアプローチや意思表明支援といいます。また，この代弁行為は，当事者個人に対する支援だけでなく，その問題が広範な共通の問題である場合には，行政や社会にソーシャルアクションとして訴えかけることをクラスアドボカシーと呼びます。

　狭義の権利擁護支援は虐待や悪質商法への対応，また法制度や政治を含む具

図12-1 「制度の狭間」を生み出さない総合相談支援体制における5つの支援機能

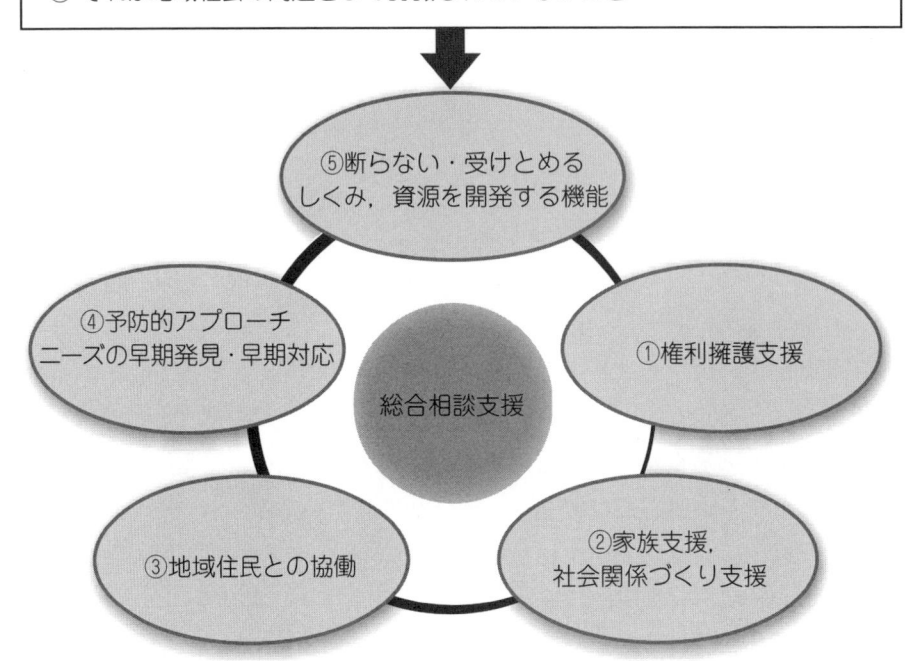

「制度の狭間のケース」の特徴

① 家族支援をともなう複合多問題ケースとしてキーパーソンが不在であること

② その諸要因によって社会から孤立し潜在化していること

③ それに対応する制度・サービス，支援システムが不備であること

④ それが地域社会の問題として認識されていないこと

⑤断らない・受けとめる
しくみ，資源を開発する機能

④予防的アプローチ
ニーズの早期発見・早期対応

①権利擁護支援

総合相談支援

③地域住民との協働

②家族支援，
社会関係づくり支援

出所：兵庫県社会福祉協議会（2014）『総合相談・生活支援の手引き』5を一部改変。

体的な権利侵害からの擁護や成年後見支援などをさします。

② 家族支援・社会関係づくりの支援

日本の現在の法制度は個人への支援に対応する属性別制度として組み立てられているため，8050問題のような家族の複合多問題には対応が困難です。また，制度内対応にとどまり，当事者の社会関係を広げる視点が弱いという特徴があります。これらの視点を強化する相談支援機能です。

③ 地域住民との協働

②のためにはソーシャルサポートネットワークや小地域福祉活動をはじめとした住民と協働した支援機能が重視されます。

④ 予防的アプローチ・ニーズの早期発見と早期対応

法制度上の受け身の対応では事後的な対応になる傾向にあります。予防的観点からの早期発見・早期対応をめざしたアウトリーチによる積極的な相談支援体制の構築が必要です。

⑤　断らない・受けとめるしくみ，資源を開発する機能

漏れのない相談支援体制とは断らない・受け止めるというワンストップ機能が重要です。また，そのためには，新たな社会資源を開発する機能が大切です。

総合相談支援とは，単に相談を受けるだけでなく，具体的な対応にまで結び付けるための上記①から⑤の相談支援機能とセットであることを理解しておきましょう。

🔲　本来の窓口を機能させる

総合相談支援体制は，新たな総合相談窓口を設置するという考え方もあります。総合相談窓口は，各相談窓口が対応できない懸案の安易な投げどころ（送致先）ではありません。したがって，既存の相談窓口に屋上屋を重ねる新たな窓口の設置よりは，既存の相談窓口が漏らした相談を受け止め，本来の窓口が機能するように支援する機能の強化を重視します（図12-2）。いわば，第一線の相談窓口の下支えと拡充を支援するバックアップ機能が総合相談支援の基本機能です。

そのためには，制度の狭間の問題を受け止める重層的な地域福祉のネットワークの形成が必要です（第10章参照）。

🔲　行政庁内・社会福祉協議会等の組織内連携を進める

総合相談支援体制においては，行政庁内の連携の強化とともに，社会福祉協議会（以下，社協）をはじめとした社会福祉組織内の総合相談機能を高めることが重要です。

行政庁内連携は，法令を遵守する行政の最も苦手な取り組みといえます。しかし，今後，単身社会化という個人化の中では援助側が総合的にならざるを得ません。その意味では，行政においても法令順守行政から生活重視の行政への転換が求められます。そのためには生活部門である社会福祉や生活関連部署の庁内連携会議などの取り組みが重要です。

一方，相談支援の民間委託が進められている中では，民間福祉の相談連携の取り組みが行政庁内連携と同様に求められます。とくに社協は地域福祉の推進機関であり，住民参画によって住民の多様なニーズが集積される組織特性を有しています。民間の総合調整にかかわる基幹的機関として，社協組織内の総合連携を図りつつ，地域包括支援センター，基幹相談支援事業所，社会福祉施設や各相談機関における総合相談機能を高める働きが期待されます（図12-3）。

図12-2 総合相談支援と既存の相談窓口のバックアップ

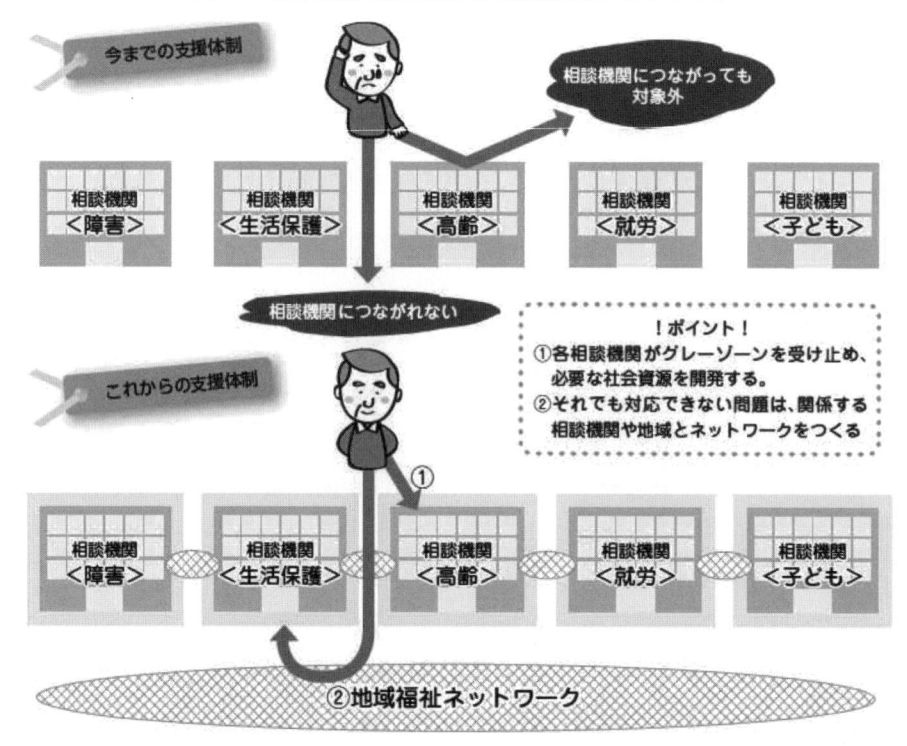

出所：兵庫県社会福祉協議会（2014）『総合相談・生活支援の手引き』8。

図12-3 行政庁内と社協内の総合相談の体制づくり

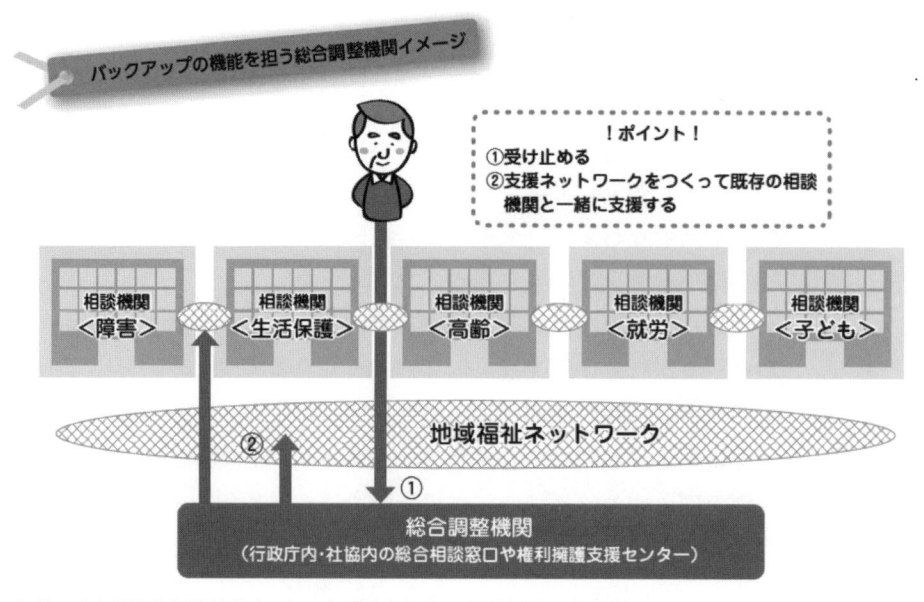

出所：兵庫県社会福祉協議会（2014）『総合相談・生活支援の手引き』10。

 **ワンストップの連続体から総合支援体制をつくる**

　漏れのない総合相談支援体制は，４つのワンストップの連続体をつくること といえます（**図12-4**）。

図12-4　４つのワンストップの連続体

当事者＋住民　民生委員	⟷	ワーカー	⟷	ワーカー　組織	⟷	・施策化のための代表者間，機関間のネットワーク　・セーフティネットシステム
ワンストップ1		ワンストップ2		ワンストップ3		ワンストップ4

出所：藤井博志作成。

　この場合のワンストップとは，オールマイティに解決するということではな く，「逃げない・共に考え行動する（協働する）」という意味で使用しています。 貧困と孤立と排除が背景にある今日の地域生活問題は，簡単には解決しません。 伴走型の継続的かつ持続的な支援が求められています。

　その観点から，自治体における総合相談支援体制の形成は次の４つの場が 「逃げない・共に考え行動する（協働する）」場としてどこまで成熟しているかを 診断し，専門職自身の立ち位置と働きかける場を確認することが必要です。

　①**ワンストップ1　地域の場「民生委員・児童委員や地域住民」**

　身近な地域で孤立している当事者を見過ごさないで，発見し，かかわる活動 が求められます。

　そのためには小地域福祉推進組織や団体間連携が必要です。民生委員・児童 委員や地域住民がワンストップに受け止めようとすると，それを受け止めるソー シャルワーカーなどの専門職の姿勢も問われます。

　②**ワンストップ2　実践の場「専門職と専門職間連携」**

　民生委員・児童委員，地域住民が当事者に安心してかかわるためには，制度 の狭間を理由に逃げずに受け止め，住民と協働できる専門職の姿勢が求められ ます。そのためには，それを受け止める専門職が所属する組織の風土の醸成と， 組織外の専門職間連携による信頼関係の醸成が求められます。

　③**ワンストップ3　組織の場「専門職が所属する組織の理念と風土」**

　専門職（ワーカー）が所属する組織は，その専門職がとらえてきた制度の狭間

の問題や制度外の対応が求められるニーズを積極的に受け止める組織理念とその組織風土を形成するマネジメントが求められます。そうでなければ，専門職は燃え尽きるか，制度で対応できるニーズしか把握しないようになります。これは組織マネジャーの役割ですが，実践者もそのような組織をつくることも重要な社会福祉の実践であると認識しておく必要があります。

④ワンストップ4　自治体の場「自治体域の代表者間ネットワーク」

専門機関が制度外のニーズを地域課題化するためには，それを受け止め，解決に向けた仕組みづくりや資源開発の問題を協議し，合意する代表者間・機関間のネットワークが必要です。これらは自治体の責任において形成し，運営されます。ただし，この仕組みはトップダウンではなく，地域や実践現場からボトムアップで形成していくことが形骸化させないポイントとなります。ボトムアップで仕組みをつくっていく上での方法が，ネットワーキング，ソーシャルアクション，社会福祉計画づくりやその運営（アドミニストレーション）となり，地域福祉計画でそのような場が計画されることになります。

解説16　✎　総合相談支援の２つの流れ

今後，求められる自治体における総合相談支援には２つの制度的な流れがあることを理解しておきましょう。その一つは介護保険制度における地域包括ケアシステムづくりです。とくに地域包括支援センターの機能に権利擁護・総合相談支援が位置づけられています。しかし，この相談支援はあくまでも高齢者福祉・介護保険制度の制約の中での総合相談支援です。

その一方で，経済的困窮と社会的孤立を目的として2016年に制度化されたのが「生活困窮者自立支援制度」です。この制度の本質は，制度の狭間に対応できるように，制度枠組みが緩やかな制度であるという特質があります。この間，

この制度によって制度の狭間に対応する全世代全対象型の多様な取り組みが発展してきました。社会福祉法第106条の３（資料編参照）では「包括的な支援体制の整備」として，地域住民等の地域での取り組みと生活困窮者自立相談事業を中心に地域生活課題に取り組むように定められています（2018年）。このように，政策上の総合相談支援体制の構築は，この２つの流れを自治体において統合していく取り組みといえます。もちろん，このベースとして生活保護や障害児・者の相談支援，また，社会的養護児童への相談支援が不可分に関係しています。

（藤井博志）

あなたの自治体の地域福祉計画を
点検してみよう

☐ 設問

　あなたの自宅や職場の自治体の地域福祉計画を読んで，自分の生活や仕事とどのようなかかわりがあるのかを話し合ってみましょう。

 **法定計画としての地域福祉計画と地域福祉**

　　地域福祉計画は市町村地域福祉計画（社会福祉法第107条）（資料編177頁参照）と
それを広域の立場から補完する都道府県地域福祉支援計画（同第108条）（資料編
177頁参照）からなる任意計画です。2018年から施行された改正条文は，地域福
祉計画を他分野計画の上位計画として努力義務化しました。これにより，自治
体による地域福祉施策を地域福祉計画によって具体的に進めるという新たな段
階に入ったといえます。

　　もちろん，地域福祉は自発的な社会福祉を基盤にします。しかし，一方では，
自治体域における地域生活課題に対応する総合的な社会福祉を包括的な支援体
制整備として行う自治体施策として地域福祉計画の重要性が増してきています。

　　たとえば，市町村地域福祉計画に掲げる第一の事項として，「地域における
高齢者の福祉，障害者の福祉，児童の福祉その他の福祉に関し，共通して取り
組むべき事項」と規定されています。このことは，他の分野別計画の上位計画
として位置づけられていることを意味します。

　　また，同法では市町村は地域福祉計画の策定にあたり地域住民等の意見を反
映させるとともに，定期的に分析評価し必要となる場合は計画の変更を行うこ
となど，地域福祉計画運営においてPDCAサイクルによる進行管理を明記し
ています。自治体による地域福祉施策のアドミニストレーション（政策運営）を
促進する社会福祉計画といえます。なお，行政の責務は社会福祉法第6条に規
定されています（資料編176頁参照）。

　　なお地域福祉計画の領域は**図12-5**として理解されます。①は日常生活圏域な

図12-5　地域福祉計画の構成──社会福祉制度の関係から

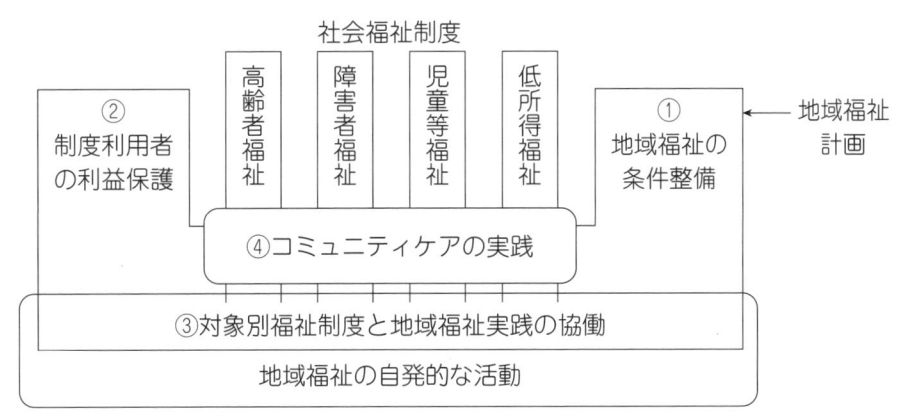

出所：平野隆之（2008）『地域福祉推進の理論と方法』有斐閣，149。

どの重層的な圏域設定やその圏域ごとの連携促進，②は権利擁護支援に代表される取り組み，③は総合相談支援体制と小地域福祉活動などの住民と専門職・行政の協働促進やまちづくり関連領域との連携，④は制度の狭間への対応や地域共生ケアなどの分野横断的なコミュニティケアなどです。③と④が包括的な支援体制といえるでしょう。

　これらの領域とともに，民間の地域福祉推進の計画である地域福祉活動計画や自治体の地域振興施策（コミュニティ政策）との密接な連携が求められています。

　以上の地域福祉計画は，本書でこれまで解説してきた地域福祉の要素を網羅しています。あなたの居住する自治体や実践に従事する自治体の地域福祉計画が地域生活課題に対応した計画になっているか，他分野計画を横断する基盤としての計画となっているかを点検してみましょう。

資 料 編

- ・社会福祉法抄録
- ・福祉専門職が抱える悩みＱ＆Ａ
- ・16の視点にもとづくアセスメントシート

（地域福祉の推進）

第４条　地域住民，社会福祉を目的とする事業を経営する者及び社会福祉に関する活動を行う者（以下「地域住民等」という。）は，相互に協力し，福祉サービスを必要とする地域住民が地域社会を構成する一員として日常生活を営み，社会，経済，文化その他あらゆる分野の活動に参加する機会が確保されるように，地域福祉の推進に努めなければならない。

２　地域住民等は，地域福祉の推進に当たつては，福祉サービスを必要とする地域住民及びその世帯が抱える福祉，介護，介護予防（要介護状態若しくは要支援状態となることの予防又は要介護状態若しくは要支援状態の軽減若しくは悪化の防止をいう。），保健医療，住まい，就労及び教育に関する課題，福祉サービスを必要とする地域住民の地域社会からの孤立その他の福祉サービスを必要とする地域住民が日常生活を営み，あらゆる分野の活動に参加する機会が確保される上での各般の課題（以下「地域生活課題」という。）を把握し，地域生活課題の解決に資する支援を行う関係機関（以下「支援関係機関」という。）との連携等によりその解決を図るよう特に留意するものとする。

（福祉サービスの提供の原則）

第５条　社会福祉を目的とする事業を経営する者は，その提供する多様な福祉サービスについて，利用者の意向を十分に尊重し，地域福祉の推進に係る取組を行う他の地域住民等との連携を図り，かつ，保健医療サービスその他の関連するサービスとの有機的な連携を図るよう創意工夫を行いつつ，これを総合的に提供することができるようにその事業の実施に努めなければならない。

（福祉サービスの提供体制の確保等に関する国及び地方公共団体の責務）

第６条　国及び地方公共団体は，社会福祉を目的とする事業を経営する者と協力して，社会福祉を目的とする事業の広範かつ計画的な実施が図られるよう，福祉サービスを提供する体制の確保に関する施策，福祉サービスの適切な利用の推進に関する施策その他の必要な各般の措置を講じなければならない。

２　国及び地方公共団体は，地域住民等が地域生活課題を把握し，支援関係機関との連携等によりその解決を図ることを促進する施策その他地域福祉の推進のために必要な各般の措置を講ずるよう努めなければならない。

（包括的な支援体制の整備）

第106条の３　市町村は，次に掲げる事業の実施その他の各般の措置を通じ，地域住民等及び支援関係機関による，地域福祉の推進のための相互の協力が円滑に行われ，地域生活課題の解決に資する支援が包括的に提供される体制を整備するよう努めるものとする。

　一　地域福祉に関する活動への地域住民の参加を促す活動を行う者に対する支援，地域住民等が相互に交流を図ることができる拠点の整備，地域住民等に対する研修の実施その他の地域住民等が地域福祉を推進するために必要な環境の整備に関する事業

　二　地域住民等が自ら他の地域住民が抱える地域生活課題に関する相談に応じ，必要な情報の提供及び助言を行い，必要に応じて，支援関係機関に対し，協力を求めることができる体制の整備に関する事業

三　生活困窮者自立支援法第3条第2項に規定する生活困窮者自立相談支援事業を行う者その他の支援関係機関が，地域生活課題を解決するために，相互の有機的な連携の下，その解決に資する支援を一体的かつ計画的に行う体制の整備に関する事業

2　厚生労働大臣は，前項各号に掲げる事業に関して，その適切かつ有効な実施を図るため必要な指針を公表するものとする。

(市町村地域福祉計画)

第107条　市町村は，地域福祉の推進に関する事項として次に掲げる事項を一体的に定める計画（以下「市町村地域福祉計画」という。）を策定するよう努めるものとする。

一　地域における高齢者の福祉，障害者の福祉，児童の福祉その他の福祉に関し，共通して取り組むべき事項

二　地域における福祉サービスの適切な利用の推進に関する事項

三　地域における社会福祉を目的とする事業の健全な発達に関する事項

四　地域福祉に関する活動への住民の参加の促進に関する事項

五　前条第一項各号に掲げる事業を実施する場合には，同項各号に掲げる事業に関する事項

2　市町村は，市町村地域福祉計画を策定し，又は変更しようとするときは，あらかじめ，地域住民等の意見を反映させるよう努めるとともに，その内容を公表するよう努めるものとする。

3　市町村は，定期的に，その策定した市町村地域福祉計画について，調査，分析及び評価を行うよう努めるとともに，必要があると

認めるときは，当該市町村地域福祉計画を変更するものとする。

(都道府県地域福祉支援計画)

第108条　都道府県は，市町村地域福祉計画の達成に資するために，各市町村を通ずる広域的な見地から，市町村の地域福祉の支援に関する事項として次に掲げる事項を一体的に定める計画（以下「都道府県地域福祉支援計画」という。）を策定するよう努めるものとする。

一　地域における高齢者の福祉，障害者の福祉，児童の福祉その他の福祉に関し，共通して取り組むべき事項

二　市町村の地域福祉の推進を支援するための基本的方針に関する事項

三　社会福祉を目的とする事業に従事する者の確保又は資質の向上に関する事項

四　福祉サービスの適切な利用の推進及び社会福祉を目的とする事業の健全な発達のための基盤整備に関する事項

五　市町村による第106条の3第1項各号に掲げる事業の実施の支援に関する事項

2　都道府県は，都道府県地域福祉支援計画を策定し，又は変更しようとするときは，あらかじめ，公聴会の開催等住民その他の者の意見を反映させるよう努めるとともに，その内容を公表するよう努めるものとする。

3　都道府県は，定期的に，その策定した都道府県地域福祉支援計画について，調査，分析及び評価を行うよう努めるとともに，必要があると認めるときは，当該都道府県地域福祉支援計画を変更するものとする。

　地域住民と協働する専門職が抱える悩みを，Ｑ＆Ａにまとめました。回答は，いずれも現場ワーカーが経験の中から出したメッセージです。悩みを乗り越えるヒントにしてください。

Ｑ１． フルタイムで働く世代が増え，地域とのかかわりをもたない住民が増えています。一方，ボランティアグループからは担い手不足の声を聞きます。これからの地域福祉の担い手をどう考えればいいでしょうか。

　地域福祉活動では，PTA でつながっていた専業主婦の女性たちが1980～90年代にグループを立ち上げ，活発に活動を続けているというパターンが多くみられます。また，配食やミニデイ等から始まった活動が，生活支援活動や調査，学習，他の地域組織や専門職とのネットワークづくりなど，多岐にわたった活動展開に広がっているグループも多くあります。いわば，地域づくりを"丸ごと担う"活動です。そうしたグループの中心メンバーも70代に差し掛かり，あちらこちらで次の世代の担い手が不足しているという言葉が聞かれます。

　これからの地域づくりを考える上では，これまでのような地域づくりを"丸ごと担う"というよりも，機能やテーマで分担していくという工夫が必要だと思われます。そして，それらをつなげるコーディネートが必要です。

　もう一つの視点は，すぐに担い手をつくるという発想だけでなく，地域の中で理解者を増やすということです。理解と共感が，地域に必要な活動を支え，継続する力となります。

Ｑ２． 障害福祉施設として，どのように地域にかかわっていけばいいのか悩んでいます。

　障害への偏見や無理解は，とても難しく壁が厚いように思われます。だからといって，障害のある方が施設や自宅に閉じこもる必要はなくて，機会をつくってどんどん外に出て行くことがまずは大切です。

　市で夏祭りを企画した際に，大勢が参加する祭りに障害者が参加したら危険だから，本番の前日に障害者だけが参加できるイベントをしたらどうかという話になりました。提案そのものは，善意で出されたものですが，持ち帰って当事者に意見を聞いたら，「できたらみんなと参加したい」「祭り自体をバリアフリーにしてほしい」と言いました。その意見を携えて会議に出席したところ，私の勤める法人施設がある地域住民が，「障害のある人も一緒に参加してもらうべきだ」と発言されました。当事者が地域の中で暮らしている姿が共有されていることのあらわれだと感じました。

Ｑ３． 専門職間の連携は，どうしたらうまくいくでしょうか。

　連携上の難しさとは，「言葉の違い」「専門性の違い」「価値観の違い」によるものです。私も医療と福祉の連携にずっと悩んできましたが，10年間かけて解消されてきました。連携が進んだのは，みんなでしっかりと「困る」体験をしてきたからです。ケアマネジャーは，看取りが介護だけで支えられない体験をしました。医療従事者も，家族構成や生活歴について福祉専門職がいなければ把握が難しいという体験をしました。

　多職種連携の基本は，自分の専門性だけで解決できない体験をしっかりすることだと思います。

　人とつながるときには，まずは自分から弱みを出すことです。「助けてください」を発信することです。そして，助けてもらったら「ありがとう」を伝えることです。承認とフィードバック，特に感謝の気持をお返しすることで，いい関係が築かれていきます。

Q4．研修を受講して私たちはとてもやる気になりました。ただ，施設で合意形成するのが難しいかなあと思ってしまいます。講師の皆さんは心が折れたりしたときにどう立ち上がってきたのか教えてください。

A1．組織によって事情も異なると思いますが，私もたくさん壁にぶつかってきました。何度も上司にたたかれ，動き始めた企画だったのに，2年後には予算がつかないなどの出来事もありました。

　こうした経験から，私は現場実践には3段階あると考えています。1段階目は，私の専門職としての魂に火がつく段階です。屋根が崩れた自宅で暮らし続けなければいけない人を目の前にしたとき等，何とかしたいと私の心に火がつきます。2段階目は，向かい風です。新しいことをしようとすれば，反対勢力が現れます。賛成する人が2割いれば，反対も2割います。3段階目は追い風です。向かい風があるから，追い風があるのです。もちろん，向かい風ばかりだと思う時期もありますが，私の場合はこうつぶやきます。「逆らわず，したがわず」。上司も組織も変わるけど，この地域でやっていこうとする私の専門職の魂は変わりません。

A2．私の所属法人は大きい法人なので，いろいろなことができます。逆にできないこともあります。地域のニーズを肌で感じるので，何とかしたいと歯がゆい思いを何度もしてきました。

　そんな中，最近のことですが法人トップと話をする機会があり，「君の事業所は情報を出さないね」と言われました。私たち側は出しているつもりだったのですが，伝わっていなかったということに気づきました。もっと肌で感じたことを他の職員や上司に伝えていかなければ，組織が動かない要因はもしかしたら自分自身にもあるかもしれないと感じるようになりました。

A3．仲間をつくって仲間で支えあうことです。組織内にも必要だし，地域の中にも仲間がいます。両方の仲間から，アドバイスも勇気ももらえます。動いたら動いただけ，何かが変わっていくことは間違いありません。やってみたいことはドンドン口に出して，仲間に伝えて欲しいと思います。

Q5．「住民主体」という言葉について，とても考えさせられました。住民から意見が出てこない時，どうしたらいいのでしょうか。

A1．住民主体は理解できる，でも現場でうまくいかないように思うということは多々あると思います。結果をすぐに求めないことを大切にしてください。そして，地域住民が自ら気づいて変わるために，アプローチは多様に考えてやってみるということも大切です。専門職がどうかではなく，地域の中で当事者や住民が住民を変えていくこともたくさんあります。

A2．私は，個別支援をしながら，地域住民と一緒に動き始めました。最初は，私たちが主導する場面があってもいいと思います。主導とは，住民にとって必要であろうと思う情報を専門職がしっかり提供していくという意味です。そうすれば，住民から何らかの反応をもらえます。それを受けて，また次の情報を出します。情報は，住民の言葉に翻訳し，繰り返し伝えます。そうすれば，必ず住民が気づいていきます。人が心を寄せるタイミングとかポイントが見えてきます。そこまでいけば，私たち専門職が出る幕はありません。地域住民に主体が移っていきます。個別の支援も地域の支援も，根本は一人ひとりを大切にすることです。

出所：兵庫県福祉人材研修センター「平成29年度地域福祉研修資料」

人を支援する時に必要な16の視点
1．本人は何で一番困っているか 　※本人の言葉で書いてみる
2．この問題は当事者が日常生活を営むのにどれほど障害になっているのか 　※支援者が予想するのではなく，本人に「どんな支障がありますか」と聞く 　※これまでの生活様式などで大きく生活のしづらさは異なる
3．①いつから　②どれくらいの期間続いているか　③起こる頻度は　④いつどこで問題が起きるか
4．この問題はどのような時期におこっているか（例：子どもの時？　青年時代？　高齢期から？）
5．この問題を本人は，どのように思っているか。感じているか。行動しているか。
6．だれかの具体的な援助があるか 　家族の介護力，お金，住居，サービスの利用度等がどの程度利用できるか
7．いままでの対処方法は何か 　※「いままでどのようにしてこられたのですか？」と聞くことにより今後の対処を考える糸口が 　　見つかることがある
8．本人が自ら進んで援助を受けようとしているか 　※強制的に相談に来させられたのか，自ら進んでなのかによって，今後の信頼関係，問題解決を 　　左右する
9．問題が起こるのに関係した人や出来事，それらの人間や出来事は何か
10．（既存のサービスだけの先入観を持つことなく）今欠けている外部の資源は何か
11．関わっている医療，福祉，行政，システム等の関連があるか 　※エコマップを書いてみる
12．当事者のどのようなニーズや欲求が満たされないためにこの問題が起こっているのか 　※同じような出来事であっても人により捉らえ方が違う。ニーズがわかりにくいときは「もしも 　　状況を変えることが出来たらどのように変えたいですか？」という質問を問いかけてみる
13．当事者の持つ技術，長所，強さは何か？ 　※「問題ある人」と見るだけでなく，本人のもつ力，能力を最大限に生かすことが最も良い支援
14．当事者の問題に関する医療・健康・精神衛生などの情報は何か？ 　※当事者に何ができるか，できる可能性は何か。医療，住環境を含めてみる
15．当事者の価値観・人生のゴール・思考のパターンは何か？ 　※人はおなじ問題にぶつかってもそこをどのように切り抜けるか異なる。本人が価値を置いてい 　　る生き方をみたすことが重要である
16．本人の成育歴と生活歴はどうか 　※過去の出来事が現在に関連していることがある

出所：渡辺律子（2011）『高齢者援助における相談面接の理論と実際（第 2 版）』医葉薬出版，63-69（一部編集）。

さくいん

執筆者紹介 (所属：執筆分担，＊は編著者)

＊藤井　博志（編著者紹介参照：はじめに，本書の位置づけと構成・活用方法，第1章，
　　　　　　第2章，第3章第2・4（共著）節，第4章第1節，第5章第3〜5節，第
　　　　　　6章，第7章，第8章第3節，第9章第4節，第10章第1〜4節，第11章，
　　　　　　第12章；解説1〜4・7・8・10〜16；コラム9；演習6〜8・11・12・
　　　　　　14（共著）・15・16）

所　めぐみ（関西大学人間健康学部教授：第5章第1〜2節；コラム5）

荻田　藍子（兵庫県社会福祉協議会福祉支援部部長：第3章第1・3・4（共著）・5節，
　　　　　　第4章第2〜3節，第8章第1〜2・4節，第9章第1〜3節；解説9）

小椋　智子（社会福祉法人ゆたか会　小規模多機能型居宅介護事業所どっこいしょ所
　　　　　　長：第4章第4節；コラム3・8・12；演習5）

永坂　美晴（兵庫県社会福祉協議会地域福祉部生活支援員コーディネーター：第10章第
　　　　　　5節；解説5・6；コラム2・6；演習2・3・4・9・13・14（共著））

神谷　宣（西宮すなご医療福祉センター相談支援事業「あゆむ」相談支援専門員：コラ
　　　　　ム1）

岩城　和志（淡路市社会福祉協議会事務局次長：演習1）

久山　啓（神戸真生塾子ども家庭支援センターセンター長：コラム4）

井上　義幸（豊岡市社会福祉協議会但東支所主任：コラム7）

坂本　幸枝（三木市社会福祉協議会ボランタリー活動プラザみき所長：コラム10；演習
　　　　　　10）

足立　里江（朝来市健康福祉部ふくし相談支援課副課長：コラム11・13）

編著者紹介

藤井博志（ふじい・ひろし）

2013年：同志社大学大学院社会学研究科社会福祉学専攻博士後期課程満期退学。

1982～2001年：兵庫県社会福祉協議会（地域福祉部長）。

　大阪府立大学，神戸学院大学を経て，

現　在：関西学院大学人間福祉学部教授。社会福祉学博士・社会福祉士。

シリーズ はじめてみよう①

地域福祉のはじめかた
──事例による演習で学ぶ地域づくり──

| 2019 年 11 月 20 日　初版第 1 刷発行 | 〈検印省略〉 |
| 2021 年 10 月 30 日　初版第 2 刷発行 | 定価はカバーに表示しています |

編 著 者	藤　井　博　志
発 行 者	杉　田　啓　三
印 刷 者	田　中　雅　博

発行所　株式会社　ミネルヴァ書房

607-8494　京都市山科区日ノ岡堤谷町 1
電話代表　（075) 581-5191
振替口座　01020-0-8076

創栄図書印刷・藤沢製本

ISBN978-4-623-08680-1

Printed in Japan

日本福祉大学スーパービジョン研究センター　監修

大谷京子・山口みほ　編著

シリーズ　はじめてみよう②

スーパービジョンのはじめかた
──これからバイザーになる人に必要なスキル──

B5判美装カバー　176頁　本体2500円

本書は，スーパービジョンを行うことを期待される立場になったものの，実際なにから取り組めばいいかわからない……という初心者向けに作りました。読んでいくと，スーパービジョンとは何か，から順に学んでいくことができます。また「必要なスキル」に着目し，具体的にわかりやすく説明していきます。読者のスーパービジョンをはじめたい，はじめなきゃ，という気持ちを後押しする一冊です。

──────── ミネルヴァ書房 ────────

https://www.minervashobo.co.jp/